Erich Kirchler, Erik Hölzl • Arbeitsgestaltung in Organisationen

W0057783

Arbeits- und Organisationspsychologie 3

Erich Kirchler, Erik Hölzl

Arbeitsgestaltung in Organisationen

WUV

Die Deutsche Bibliothek – CIP-Einheitsaufnahme

Kirchler, Erich:
Arbeitsgestaltung in Organisationen / Erich Kirchler, Erik Hölzl. -
Wien : WUV-Univ.-Verl., 2002
(Arbeits- und Organisationspsychologie ; 3)
ISBN 3-85114-627-1

© 2002 Facultas Verlags- und Buchhandels AG
WUV-Universitätsverlag, Berggasse 5, A-1090 Wien
Umschlagbild: PIX_ Bildagentur
Umschlaggestaltung: A+H Haller
Satz: grafzyx.at
Druck: Facultas AG
Printed in Austria
ISBN 3-85114-627-1

Vorwort

Gute Arbeitsleistungen hängen von den Fähigkeiten und der Motivation der Mitarbeiter ab. Selbstverständlich sind auch die Komplexität und Schwierigkeit der Aufgaben relevant, die Art und der Inhalt der Tätigkeit, die Gestaltung des Arbeitsvollzuges und das Arbeitsumfeld. Ob Mitarbeiter mit ihrer Arbeit auch zufrieden sind und nicht durch langanhaltende Überlastung ausbrennen und ihre Gesundheit riskieren, ist vor allem eine Frage der Gestaltung der Arbeit.

Im vorliegenden Band werden Gestaltungsmöglichkeiten der Arbeit besprochen. Es geht zuerst um die Analyse von Arbeit, dann um die Bewertung der Arbeitserfahrungen und schließlich um die Gestaltung des Arbeitsvollzuges. Die Analyse der Arbeit kann die gesellschaftlichen Rahmenbedingungen betreffen, unter denen Arbeit einen hohen oder geringen Stellenwert hat; sie kann sich auf das Organisationskonzept eines Unternehmens konzentrieren oder auf die unmittelbaren Arbeitsbedingungen, die Umweltgegebenheiten und Arbeitsmittel. Die Arbeitsanalyse kann Arbeitsaufträge und Erfüllungsbedingungen oder die Ausführung der Tätigkeit angehen. Wenn Arbeitsanalyse die Handlungen betrifft, die zur Erreichung eines Arbeitszieles auszuführen sind, ist die Regulation der Ausführung relevant, wie sie Winfried Hacker Anfang der 1970er Jahre in der „Allgemeinen Arbeits- und Ingenieurpsychologie" beschrieben hat. Im vorliegenden Band wird nach Ulich (2001) die psychologische Tätigkeitsanalyse vorgestellt und auch Hackers Handlungsregulationstheorie skizziert. Die Arbeitsanalyse bezieht sich vorwiegend auf Theorien der industriellen Arbeit.

Die Bewertung der Arbeit betrifft gesundheitsschädigende Aspekte, wie Stress, Verarbeitung von Stress und Folgen, aber auch positive Erfahrungen, wie Wohlbefinden und Zufriedenheit. Vor allem das Kapitel über Arbeitszufriedenheit, mit Ausführungen über Messprobleme und einer detaillierten Vorstellung von Zeitstichprobentagebüchern, nimmt breiten Raum ein.

Die Gestaltung der Arbeit zielt auf die Schaffung vollständiger Aufgaben ab. Dazu wird Ulichs (2001) Konzept der flexiblen, differentiellen und dynamischen Arbeitsgestaltung vorgestellt.

Lehrbücher zur Arbeits- und Organisationspsychologie widmen der Arbeitsgestaltung breiten Platz. Deshalb wurden für den vorliegenden Band der Reihe „Arbeits- und Organisationspsychologie" die „Bestseller" unter den Lehrbüchern systematisch durchforstet und bedeutende Theorien und Befunde daraus zusammengestellt. Dies dient dem Ziel, Studierenden einen schnellen Einstieg in die relevanten Grundlagen der Arbeits- und Organisationspsychologie zu ermöglichen und Praktikern wie Betriebswirten und Wirtschaftspsychologen eine schnelle Orientierung über den theoretischen Wissensstand als Handlungsorientierung zu liefern. Der vorliegende Text orientiert sich hauptsächlich an den Standardwerken von Frieling und Sonntag (1999), Hacker (1998), Robbins (2001), Ulich (2001) und Weinert (1998) und lehnt sich manchmal stark an diese Publikationen an. Die Integration der in einschlägigen Fachzeitschriften publizierten empirischen Studien zu den mannigfaltigen Fragestellungen der Arbeitsanalyse und -gestaltung wurde hingegen angesichts der Zielsetzung dieser Reihe hintangestellt.

Schließlich sei darauf hingewiesen, dass wir versucht haben, eine geschlechtsneutrale Sprache zu verwenden. Ausschließlich aufgrund der leichteren Lesbarkeit haben wir uns, wenn es sich nicht vermeiden ließ, im Text der männlichen Form bedient.

Unseren Kolleginnen Katja Meier-Pesti und Christa Rodler gebührt Dank für die kritische Durchsicht des Manuskripts und zahlreiche Verbesserungsvorschläge. Elisabeth Höllerer hat den Text in eine für den Verlag akzeptable Form gebracht und die Abbildungen gezeichnet. Wir danken auch den Mitarbeitern des WUV für die effiziente und angenehme Zusammenarbeit.

Erich Kirchler und Erik Hölzl   Villach und Wien, Oktober 2001

Inhalt

1 Analyse der Arbeit

Leitfragen
- Was ist unter funktions- und autonomieorientierter Arbeitsanalyse zu verstehen?
- Wie können Arbeitsaufträge analysiert werden?
- In welcher Weise beeinflussen Arbeitsbedingungen auf direktem und indirektem Wege Arbeitstätige und deren Leistung?
- Was ist unter soziotechnischer Systemanalyse zu verstehen?
- Wie werden Arbeitshandlungen zielgerichtet reguliert und welche Ebenen der Ausführungsregulation gibt es?
- Welche Bedeutung kommt dem operativen Abbildsystem bei zielgerichteten Handlungen zu?
- Wodurch unterscheiden sich Experten von durchschnittlich leistungsfähigen Mitarbeitern?
- Wie kann die sensumotorische Regulation von Arbeitshandlungen trainiert und verbessert werden?
- Wie sollten Signalfelder gestaltet werden, um Fehlerrisiken zu reduzieren und die Arbeitsleistung generell zu verbessern?
- Wie können Arbeitstätigkeiten analysiert werden und welche Instrumente stehen zur Verfügung?

Arbeitsanalyse wurde bereits zu Beginn der Industrialisierung betrieben, als Frederick Winslow Taylor und andere Pioniere der wissenschaftlichen Betriebsführung Arbeitsschritte untersuchten, die notwendigen Bewegungen erfassten, die Zeit für die Ausführung maßen und nach einer Optimierung der Arbeitsteilung strebten. Zur Zeit des „scientific management" wurde die Arbeit analysiert, um

„das handwerkliche Können der Arbeiter von ihren Trägern zu lösen, die komplexen Arbeitsabläufe und -tätigkeiten in funktionale Arbeitselemente zu zergliedern und diese der naturwissenschaftlichen Suche nach der ‚einen' effizientesten Ausführungsweise zugänglich zu machen. Dies schaffte die Voraussetzungen für die Trennung der Arbeitsplanung und -steuerung von der Ausführung und die weitgehende Mechanisierung bzw. Automatisierung der Ausführung. Neuere Ansätze heben demgegenüber die Stellung des Menschen als autonomes Subjekt seiner Tätigkeit hervor, betonen seine Fähigkeit zur Selbstregulation und sehen in der Reintegration der funktional gegliederten Betriebsbereiche und in der Gestaltung ganzheitlicher Arbeitstätigkeiten den entscheidenden Ansatz zur Flexibilisierung der Arbeitsabläufe." (Schüpbach, 1993, S. 167)

Die Arbeitsanalyse zur Zeit des „scientific management" hatte das Ziel, die effizienteste Ausführungsweise unabhängig von individuellen Eigenheiten zu entdecken.

Die im Laufe der Geschichte sich wandelnden Menschenbilder haben im Betrieb zu unterschiedlichen Konzepten der Arbeitsanalyse geführt. Die derzeit geforderten Formen der Arbeitsgestaltung müssen Autonomie und Selbstregulation und eine optimale Abstimmung zwischen Mensch, Technik und Organisation zum Ziel haben. Schüpbach (1993, S. 172) unterscheidet zwischen der funktionsorientierten und autonomieorientierten Arbeitsanalyse und fasst die Merkmale der zwei gegensätzlichen Sichtweisen zusammen (Tabelle 1).

Arbeitsanalyse umfasst objektive und subjektive Faktoren. Zum einen ist zu beschreiben, unter welchen Bedingungen welche Arbeitsaufträge zu erfüllen sind. Zum anderen ist zu klären, wie diese Aufträge subjektiv interpretiert, und welche konkreten Tätigkeiten durchgeführt werden. Diese Tätigkeiten sind ihrerseits auf einzelne Handlungen und die dabei ablaufenden psychischen Prozesse der Handlungsregulation zu untersuchen, und schließlich sind die negativen oder förderlichen Konsequenzen der Arbeit für die Ausführenden zu klären.

Arbeitsanalyse kann entweder funktions- oder autonomieorientiert sein.

Ulich (2001) schlägt mit anderen Autoren vor, die Arbeitsanalyse mit einer psychologischen Auftrags- und Bedingungsanalyse zu beginnen und anschließend die Arbeitstätigkeiten und erforderlichen Regulationsbedingungen zu untersuchen. Dann können Auswirkungen der Arbeitstätigkeit auf Erleben und Befinden studiert werden. Bei der Auftragsanalyse geht es somit um die Erfassung der objektiven, vom Arbeitenden unabhängigen Aufträge und Bedingungen der Arbeitstätigkeiten. Die Tätigkeitsanalyse ist hingegen personenorientiert und will klären, wie das Ziel der Auftragserfüllung erreicht werden kann und welche Erfordernisse dabei auftreten.

Tab. 1 Gegenüberstellung von Merkmalen der funktions- und der autonomieorientierten Arbeitsanalyse (Schüpbach, 1993, S. 172)

	Funktionsorientierte Arbeitsanalyse	Autonomieorientierte Arbeitsanalyse
Grundlagen:		
Organisationsmodell	Zentrale Planung und Steuerung aller Arbeitsabläufe von Mensch und Technik (Trennung von Denken und Tun)	Lokale Selbstregulation im Rahmen einer zentralen Rahmenplanung (Einheit von Denken und Tun)
Menschenbild	Der Mensch erbringt nur dann eine gute Leistung, wenn er genau angewiesen und kontrolliert wird	Der Mensch ist ein autonomes Subjekt, fähig zur Selbstregulation und zur Weiterentwicklung
Verhältnis Mensch/Technik	Kontrolle des Menschen durch den technischen Prozess	Kontrolle des technischen Prozesses durch den Menschen
Analysemodell:		
Ziel der Analyse	Den einen, besten Weg der Arbeitsvollzüge ermitteln; die dafür geeignetsten Arbeitskräfte finden	Eine optimale Abstimmung von Mensch, Technik und Organisation finden; die Mitarbeiter umfassend qualifizieren
Analysestrategie	„Analytische" Arbeitsanalyse: Zergliederung der Arbeitsabläufe; getrennte Betrachtung von Mensch, Technik und Organisation	„Synthetische" Arbeitsanalyse: Ganzheitliche Betrachtung von Arbeitsabläufen; Zusammenführen von Mensch, Technik und Organisation
Analysebereich	Einfache manuelle Arbeiten und technische Einrichtungen	Arbeitssysteme: Komplexe Arbeitsaufgaben und technische Systeme; Arbeitstätigkeiten
Analysedimensionen	Strukturen; elementare Funktionen und deren lineare Verknüpfung; Anforderungen; erforderliche Qualifikationen	Prozesse und deren Lenkung; komplexe Beziehungen und Rückwirkungen; Handlungsspielräume; Qualifizierungsmöglichkeiten
Theoretische Grundlagen	S-(O)-R-Verhaltensmodell; technische Steuerungsmodelle	Systemische Modelle; soziotechnischer Systemansatz; tätigkeits- und handlungstheoretische Ansätze
Grundlegende Analysemethode	Experimentelle Analysen	Beobachtungsinterviews; systematische Beobachtungen (eventuell ergänzt durch experimentelle Analysen)

1.1 Auftrags- und Bedingungsanalyse

Die Auftrags- und Bedingungsanalyse der objektiven Arbeitssituation stellt die Basis der Arbeitsanalyse dar. Ulich (2001) schlägt gemeinsam mit anderen Autoren verschiedene Analyseschritte vor und bietet ein Methodenrepertoire zur Durchführung an, das in Abbildung 1 zusammengefasst ist. Die

Analyse von Arbeitsaufträgen beginnt mit der Gliederung des Produktionsprozesses und der betrieblichen Rahmenbedingungen sowie mit der Identifizierung des Arbeits- innerhalb des Produktionsprozesses. Der Produktionsprozess wird in technologische Abschnitte gegliedert und die Mensch-Maschine-Funktionsteilung gemeinsam mit Arbeitsplatz- und Umgebungsbedingungen erfasst. Anschließend werden Eigenschaften des zu bearbeiten-
den Produktes beziehungsweise des zu steuernden Prozesses analysiert und
Einwirkungsmöglichkeiten des arbeitenden Menschen erfasst. Der nächste
Schritt untersucht die Arbeitsteilung zwischen den Mitarbeitern und beschreibt anschließend die Grobstruktur der Arbeitsaufträge. Wesentlich ist
die Feststellung von Freiheitsgraden bei der Bewältigung der Arbeitsaufträge. Letztlich werden die Häufigkeiten von Ausführungseinheiten erfasst. Oft
auftretende Tätigkeiten werden meist durch Arbeitsbeobachtung, seltene
Tätigkeiten durch Befragung festgestellt.

Abb. 1   Schritte der Auftrags- und Bedingungsanalyse und Erfassungsmethoden (nach Ulich,
2001, S. 69ff)

Dokumentenanalyse (Analyse allgemeiner Betriebsvorschriften;
technischer Unterlagen, Organigramme, Maschinenbedienungsanleitungen etc.).
Ergänzung der Dokumentenanalyse durch stichprobenartige Beobachtung von
Arbeitsabläufen und Befragung von Beschäftigten (Beobachtungsinterview) und von
Spezialisten im Betrieb (Experteninterview).

Durch Befragung der leitenden Ingenieure
oder Technologen können Konsequenzen
der einzelnen Arbeitsaufträge für den
Produktionsprozess kenntlich gemacht
werden (Einfluss der Aufträge auf Produkt-
menge, -güte, Materialverbrauch etc.).

1. Technologische Gliederung des Produktionsprozesses,
Angabe der Mensch-Maschine-Funktionsteilung und Gliederung
der Arbeitsaufträge an den Menschen in Aufträge mit
selbständigen und voneinander unabhängigen Funktionen im
oder für den Produktionsprozess.

2. Angabe der Funktion der Aufträge für den
Produktionsprozess.

3. Kennzeichnung der Arbeitsteilung zwischen Werktätigen und
der arbeitsbedingten Kooperation und Kommunikation.

Arbeitsteilung, -kombination und
-kooperation zwischen den Beschäftigten
werden erfasst. Dieser Analyseschritt ist aus
psychologischer Sicht wichtig, weil Fragen
menschengerechter Aufgabengestaltung
beantwortet werden: Ganzheitlichkeit,
Anforderungsvielfalt, Interaktions-, Lernmög-
lichkeiten, Autonomie etc.

4. Strukturbeschreibung von Arbeitsaufträgen.

5. Kennzeichnung der Freiheitsgrade:
(a) für die Bewältigung der einzelnen Arbeitsaufträge;
(b) für die Organisation der Abfolge aller zum Arbeitsplatz
gehörenden Aufträge.

6. Kennzeichnung der zeitlichen Eigenschaften der
einzelnen Arbeitsaufträge.

Kennzeichnung der Grobstruktur der
einzelnen Arbeitsaufträge. Zu beschreiben
sind die Ausgangssituation, die Transformationen durch Aktionsprogramme und die
Art der Konkretisierung des Auftragsziels.
Stabilität, Komplexität und Kompliziertheit
werden erfasst.

Ermittlung von objektiven und
subjektiven Möglichkeiten zu
unterschiedlichem aufgabenbezogenen Handeln.

Befragung und Studium betrieblicher Unterlagen sollen ein Bild über die
Wiederholungshäufigkeit, Ausführungsdauer und über die Zeit bis zum
Wirksamwerden der Handlungen im Produktionsprozess liefern.
Voraussetzungen für die Aneignung und Festigung von Handlungs-
programmen im Arbeitsprozess können erfasst werden.

Auch Arbeitsbedingungen werden in Auftragsanalysen festgestellt. Arbeitsbedingungen sind Gegebenheiten, die im Produktions- beziehungsweise im Arbeitsprozess auftreten und die Arbeitstätigkeit und/oder das -ergebnis beeinflussen. Arbeitsergebnisse stellen ihrerseits wieder Bedingungsfaktoren für zukünftige Tätigkeiten dar. Eine Systematisierung von Arbeitsbedingungen findet sich in Tabelle 2 (Hacker, 1998, S. 91ff).

> **Arbeitsbedingungen sind Gegebenheiten, die im Produktions- bzw. im Arbeitsprozess auftreten und die Arbeitstätigkeit und/ oder das -ergebnis beeinflussen.**

Arbeitsbedingungen können die Arbeitsausführung unmittelbar oder mittelbar beeinflussen – mit oder ohne psychischer Verarbeitung.

1. Äußere Arbeitsbedingungen können unmittelbar, ohne psychische Verarbeitung, in Form einer physiologischen Veränderung der Leistungsfähigkeit des Organismus auf die Arbeitstätigkeit und auf das Arbeitsergebnis einwirken. Eine geringe bis mäßige CO-Anreicherung in der Raumluft bewirkt beispielsweise eine Beeinträchtigung des Kreislaufes und der Stoffwechselvorgänge und folglich eine Leistungsminderung. Dies geschieht, ohne dass der Arbeitende etwas bemerkt, also ohne dass er sich bewusst mit der Veränderung auseinandersetzt. Auch Lärm kann unmittelbar wirken, ohne dass er bewusst erlebt werden muss. Der Müller hört beispielsweise das Klappern der Mühlen nach langer Arbeit nicht mehr, aber seine Leistung kann beeinträchtigt sein, wenn Signale maskiert werden. Lärm kann allerdings gleichzeitig auch subjektiv als störend bewertet werden, was zusätzlich die Leistung mindert. Die Wirkung ist dann nicht nur unmittelbar, sondern auch durch psychische Verarbeitungsmechanismen determiniert.

2. Äußere Arbeitsbedingungen können mittelbar, über ihre psychische Verarbeitung, auf die Arbeitstätigkeit und das Arbeitsergebnis einwirken. Die psychische Verarbeitung muss nicht notwendig bewusstseinsvordergründig erlebt werden. Es gibt Stufen der Bewusstseinsfähigkeit (das heißt, wenn eine Person will, kann sie einen Reiz bewusst erleben) und der Bewusstseinspflichtigkeit (das heißt, eine Person kann die Wahrnehmung eines Reizes nicht unterdrücken, sondern erlebt ihn bewusst). Rubinstein (1958) bezeichnet die psychische Verarbeitung von Arbeitsbe-

> **Äußere Arbeitsbedingungen können unmittelbar wirken, oder sie werden psychisch verarbeitet, durch die inneren Voraussetzungen „gebrochen" und wirken auf die Arbeitstätigkeit und das -ergebnis ein.**

dingungen bildhaft als das Wirken äußerer Arbeitsbedingungen gebrochen an inneren, wobei mit inneren Arbeitsbedingungen Persönlichkeits-

Tab. 2   Arbeitsbedingungen (Hacker, 1998, S. 91ff)

Einteilung			Beispiele
1. Auf den Arbeitenden einwirkende Arbeitsbedingungen	1.1 Allgemeine Arbeitsbedingungen	1.1.1 Wirtschaftspolitische Ausgangsbedingungen und ihre Folgebedingungen	- Standortbedingungen - Erwerbsform (abhängig Beschäftigter, Selbständiger) - Arbeitsmarktsituation - tarifrechtliche Rahmenbedingungen - arbeitsschutzrechtliche Regelungen - Art des Beschäftigungsverhältnisses - Entlohnungsform
		1.1.2 Raum-zeitliche und Arbeitsumweltbedingungen Darin Teilgruppe: Natürliche Bedingungen	- Arbeitsort, -raum - Raumbeschaffenheit u. a. einschließlich Licht/Beleuchtung, Lärm, Mikroklima, Luftbeschaffenheit - Witterungseinflüsse, Klima
	1.2 Arbeitsplatzspezifische Arbeitsbedingungen		- fester/wechselnder Arbeitsplatz - Technologien und technische Einrichtungen am Platz Werkstoffe am Platz - arbeitsplatzbedingte Kooperations-/Kommunikationsformen - durch Arbeitsplatz bedingte Sichtverhältnisse, Haltungen
	1.3 Arbeitstätigkeitsspezifische Arbeitsbedingungen		- für Tätigkeit verfügbare technische Einrichtungen und Programme, Vorgeschriebenheitsgrad des Vorgehens, Zeitbindung -tätigkeitsbezogene Vorgabezeiten; Toleranzen -tätigkeitsbedingte Formen der Kooperation/Kommunikation
2. Beim Arbeitenden als Leistungsvoraussetzungen vorliegende personale Bedingungen	2.1 Habituelle Leistungsvoraussetzungen	2.1.1 Körperliche Leistungsvoraussetzungen	- Konstitution - Allgemein- und Gesundheitszustand - tätigkeitsbezogene Tauglichkeit (z.B. Sinnestüchtigkeit)
		2.1.2 Psychophysische und psychische Leistungsvoraussetzungen	- Einstellungen - Kenntnisse/Erfahrungen - Fertigkeiten - Fähigkeiten
	2.2 Aktuelle Leistungsvoraussetzungen, die während der Auseinandersetzung mit dem Arbeitsauftrag prozessbedingt entstehen		- Geübtheit, Ausführungserfahrungen - Motivation für Tätigkeit (Erfolgserleben, Befriedigung) - Ermüdung, Monotoniezustand, psychische Sättigung, Stresszustand

eigenschaften gemeint sind, die ihrerseits in der früheren Interaktion zwischen Person und Umwelt entwickelt wurden. Eine Prämie wirkt beispielsweise nicht direkt auf die Muskelbewegungen und das Kreislaufsystem und bewirkt damit eine höhere Leistung, sondern führt über motivationale Veränderungen zu einer erhöhten Antriebsregulation, also einer neuen, modifizierten psychischen Struktur der Arbeitstätigkeit (Hacker, 1998). Die psychisch vermittelte Wirkung äußerer Arbeitsbedingungen kann gravierend auf die unmittelbare Wirkung Einfluss nehmen. So ist beispielsweise selbst erzeugter Lärm nicht nur weniger störend als fremderzeugter, sondern führt auch zu geringeren Hörstörungen. Bei Triebwagenführern, die die Kontrolle über ihr Fahrzeug und die Lärmquellen haben, führen Gehörvertäubungen zu weniger starken Hörschäden als bei Beifahrern, die keine Kontrolle über das Fahrzeug haben. In einem Experiment von Hörmann, Mainka und Gummlich (1970) wurden drei Personengruppen weißem Rauschen (95 dB) ausgesetzt. Für eine Gruppe signalisierte weißes Rauschen einen Arbeitsfehler, für eine andere Gruppe bedeutete das Rauschen eine gute Leistung, und für die dritte Gruppe hatte das Rauschen keine Bedeutung in Bezug auf die Arbeit. Die Ergebnisse belegen eindrucksvoll, dass für die Gruppe, die den Lärm als Leistungsbestätigung hörte, das Rauschen weniger störend war als für die anderen Gruppen und die Aufgabe als weniger anstrengend beurteilt wurde. Insgesamt beurteilten sich Personen der Gruppe mit Rauschen als Erfolgssignal auch als weniger lärmempfindlich als Personen der anderen zwei Gruppen. Äußere Arbeitsbedingungen wurden psychisch verarbeitet, durch die inneren Voraussetzungen „gebrochen" und wirkten auf die Arbeitstätigkeit und das -ergebnis ein.

Die gründliche Analyse von Arbeitsaufträgen und Arbeitsbedingungen ermöglicht bereits eine grobe Bewertung der Arbeitstätigkeiten. Wo Ergebnisse der psychologischen Auftrags- und Bedingungsanalyse für eine differenzierte Bewertung und für die Erarbeitung von Gestaltungsvorschlägen nicht ausreichen, sind zusätzlich psychologische Tätigkeitsanalysen durchzuführen.

Die Arbeitspsychologie nimmt oft einseitig entweder eine sachzentrierte oder eine individuumszentrierte Sichtweise ein. Arbeitsorganisationen sind jedoch komplexe soziale Gebilde, die als Systeme zu untersuchen sind. Aus systemischer Sicht („soziotechnische Systemanalyse") müssen die technische Gestaltungsseite und die soziale Situation gemeinsam analysiert werden. Die soziotechnische Systemanalyse liefert Ansätze für eine gemeinsame Optimierung des sozialen und technischen Systems beziehungsweise von Organisation und Technologie. Emery (1967) und Hill (1971) unterscheiden neun Analyseschritte der soziotechnischen Systemanalyse, die Ulich (2001) wie folgt beschreibt:

> **Die soziotechnische Systemanalyse liefert Ansätze für eine gemeinsame Optimierung des sozialen und technischen Systems.**

1. In der Grobanalyse des Produktionssystems und seiner Umwelt werden das Fabrik-Layout, die Organisationsstruktur, ökonomische und soziale Ziele beschrieben.
2. Die Arbeitsablaufanalyse sieht die Beschreibung der materiellen Transformationsprozesse im zu untersuchenden Arbeitssystem nach Input, Transformation und Output vor.
3. Die Schwachstellenanalyse dient der Ermittlung von Schwankungen im Produktionsprozess, von Problemen mit den Werkstoffen, dem Material, der Art des Produktionsprozesses usw.
4. Die Analyse des sozialen Systems zielt darauf ab, die Hierarchie, horizontale Mobilität, Bedürfnisse der Mitarbeiter usw. zu beschreiben. Analysiert werden räumliche Gegebenheiten, Kommunikationsstrukturen und Arbeitszeitverhältnisse.
5. Schließlich werden die Rollenwahrnehmungen der Mitarbeiter, die subjektiv wahrgenommenen Rollen und Arbeitsaufgaben analysiert.

Die Schritte 1 bis 5 sind teilweise kompatibel mit der psychologischen Auftrags- und Bedingungsanalyse. Die unterschiedliche Perspektive wird deutlich, wenn zusätzlich auch die Analyse des Einflusses „externer" Systeme auf das Produktionssystem vorgeschlagen wird:

6. Die Beschreibung des Instandhaltungssystems sieht die Identifikation von Problemen mit der Organisation und Durchführung von Wartungs- und Erhaltungsarbeiten vor.
7. Die Beschreibung des Versorgungs- und Abnehmersystems dient der Identifikation von Problemen mit Einkaufs- und Verkaufstätigkeiten.
8. Die Analyse der Unternehmenspolitik und -planung dient der Erfassung von mittel- und langfristigen Unternehmenszielen und -grundsätzen, wie Einkaufs-, Finanz-, Personal- und Produktionspolitik.
9. Letztlich dient die Erarbeitung von Gestaltungsvorschlägen der Integration der Erkenntnisse der ersten Analyseschritte in ein Modell der Veränderung.

In der Praxis wird oft nur ein Teil der vorgeschlagenen Analyseschritte durchgeführt, weil die genannten Untersuchungen aufwendig und kostspielig sind. Aus systemischer Sichtweise der Organisation ist eine umfassende Studie des soziotechnischen Systems allerdings notwendig.

1.2 Tätigkeitsanalyse

Neben der Auftrags- und Bedingungsanalyse besteht Arbeitsanalyse auch aus dem Studium der konkreten Arbeitstätigkeiten als zielgerichtete, psychisch regulierte Tätigkeiten, ausgeführt von Personen mit besonderen Charakteristika. Die Tätigkeitsanalyse stellt dabei die subjektive Analyseebene dar.

Tätigkeitsanalyse wird als Analyse des Prozesses, der psychischen Struktur und der Regulation menschlicher Arbeitstätigkeiten im Zusammenhang mit ihren Bedingungen und Auswirkungen definiert (Hacker, 1980; 1995; Zapf, 1989). Unter psychischer Struktur verstehen Hacker und andere Handlungstheoretiker die subjektiv erarbeitete, redefinierte, mentale Abbildung der objektiv gegebenen Arbeitstätigkeit oder Aufgabe. Diese mentale Abbildung umfasst den Ausgangszustand, Ausführungsschritte und -bedingungen und den Zielzustand. **Die Tätigkeitsanalyse bezieht sich auf den Prozess, die psychische Struktur und Regulation menschlicher Arbeitstätigkeiten im Zusammenhang mit ihren Bedingungen.** Je nach Ausprägung, Differenziertheit und Adäquatheit dieses mentalen Abbildes werden Arbeitstätigkeiten mehr oder minder effizient reguliert, und die Zielerreichung erleichtert oder verhindert. Das folgende Kapitel stellt Grundlagen der Handlungstheorie von Hacker (1980) vor, die als Basis der Tätigkeitsanalyse dienen.

1.2.1 Grundlagen der Handlungstheorie

Die Handlungstheorie von Hacker (1980, 1998) stellt eine umfassende und detaillierte Theorie der Arbeit und der Arbeitstätigkeit dar. Ein erstes Kernprinzip ist die Konzeption von Arbeit als zielgerichtetes Handeln, was in den folgenden Ausführungen zu psychologisch relevanten Eigenschaften der Arbeitstätigkeit (Hacker, 1998) deutlich wird: **Die Handlungstheorie versteht Arbeit als zielgerichtetes Handeln.**

1. Sie ist *bewusste, zielgerichtete* Tätigkeit;
2. gerichtet auf die Verwirklichung eines Ziels als *vorweggenommenes* Resultat, das
3. vor dem Handeln *ideell* gegeben war;
4. sie wird *willensmäßig* auf das bewusste Ziel hin *reguliert*;
5. bei der Herstellung des Produkts *formt* sich zugleich die Persönlichkeit; diese persönlichkeitsformende Wirkung ist nicht auf die Fähigkeiten und Fertigkeiten beschränkt, sondern betrifft auch *Einstellungen.*
6. Jede Arbeitstätigkeit, auch die innerhalb der gesellschaftlichen Arbeitsteilung isoliert ausgeübte, ist in ihren wesentlichen Merkmalen *gesellschaftlich* bestimmt. Sie ist stets bezogen auch auf Bedürfnisse anderer Men-

schen und gewinnt daraus einen ausschlaggebenden Teil ihres Sinns. (Hacker, 1998, S.45f)

Das Ziel der Arbeitstätigkeit liegt nicht in der Tätigkeit an sich, wie beim Spiel, sondern im zu erzeugenden Produkt. Arbeitstätigkeit ist eng verknüpft mit der Ausformung der Persönlichkeit des Arbeitenden; das heißt, Arbeit wird gesteuert von persönlichen Eigenheiten und steuert bzw. beeinflusst die Persönlichkeitsentwicklung. Bei der Herstellung eines Produkts werden nicht nur Fähigkeiten geschult und Fertigkeiten erlernt, sondern auch Persönlichkeitseigenschaften beeinflusst. Damit ist der Arbeitsplatz als Sozialisierungsinstanz bedeutsam. Die Betonung der ideellen Vorwegnahme des Ziels und der Bedeutung der Persönlichkeit in der Handlungstheorie markiert auch die Überwindung traditioneller behavioristischer Grundauffassungen der Arbeit durch einen kognitiv ausgerichteten Ansatz.

Handlungstheorien überwinden behavioristische Grundauffassungen der Arbeit durch einen kognitiv ausgerichteten Ansatz.

Die angesprochene Regulation des Handels auf das bewusste Ziel verweist auf Steuerungsprozesse, die bei der Durchführung von Arbeitstätigkeiten die einzelnen Handlungen fortlaufend kontrollieren und im Bedarfsfall korrigieren, um die Zielerrreichung sicherzustellen. Diesen Regulationsprozessen kommt in der Handlungstheorie große Bedeutung zu. Hacker (1980, 1998) unterscheidet zwischen Antriebsregulation und Ausführungsregulation. Antriebsregulation meint dabei die willensmäßige Ausrichtung auf das Ziel und somit die Motivation der Arbeitenden. Ausführungsregulation meint die Steuerung der Handlungen, wobei Hacker zwischen sensumotorischer, perzeptiv-begrifflicher und intellektueller Regulationsebene unterscheidet.

Ein wesentlicher Begriff der Handlungstheorie ist die Tätigkeit. Hacker (1998, S. 50) definiert: „Tätigkeiten sind Vorgänge, mit denen Menschen ihre Beziehungen zu Aufgaben und ihren Gegenständen, zueinander und zur Umwelt verwirklichen. Die Arbeitspsychologie untersucht konkrete Tätigkeiten mit konkreten tätigkeitsbezogenen Aufgaben. Die ausschlaggebenden Unterschiede zwischen Tätigkeiten ergeben sich aus ihren unterschiedlichen gegenstandsbezogenen Aufträgen bzw. Aufgaben, weil diese den Tätigkeiten ihre jeweilige inhaltliche Richtung geben."

Grundsätzlich sind Tätigkeiten eine Summe von zielgerichteten Handlungen, Operationen und Bewegungen, denen ein Motiv zugrunde liegt. Beispielsweise kann das Motiv, einen Vortrag zu halten, der Arbeitstätigkeit einer Person zugrunde liegen. Die Ausführung geschieht, indem eine Reihe von zielgerichteten Handlungen gesetzt werden: Literatur wird gesichtet und gelesen, ein Konzept wird entworfen, einzelne Kapitel werden geschrieben, das Manuskript wird überarbeitet und modifiziert. Die einzelnen Handlungen beinhalten eine Reihe von Operationen, welche durch Bewegungen und letztlich durch Muskelaktionen ausgeführt werden.

Wenn nun Tätigkeitsanalyse betrieben werden soll, stellt sich die Frage nach sinnvollen Untersuchungseinheiten. Kann Arbeitstätigkeit verstanden werden, wenn man von Einzelbewegungen oder Muskelaktionen der arbeitenden Person ausgeht? Hacker (1998) betont, dass Handlungen, die durch Ziele charakterisiert sind, die kleinste sinnvolle Einheit der Analyse darstellen. Der Handlungsbegriff ist somit der wichtigste Begriff einer Psychologie der Tätigkeit. Handlung, so schreibt Hacker (1998, S. 67), „bezeichnet nämlich eine in sich geschlossene Einheit der Tätigkeit ... Handlungen bilden die kleinste psychologische Einheit der willensmäßig gesteuerten Tätigkeiten. Die Abgrenzung dieser Handlungen erfolgt durch das bewusste Ziel, das die mit einer Vornahme verbundene Vorwegnahme des Ergebnisses der Handlung darstellt. Nur Kraft ihres Ziels sind Handlungen selbständige, abgrenzbare Grundbestandteile oder Einheiten der Tätigkeit." Handlungen setzen sich nach Hacker aus Operationen und Bewegungen zusammen. Im Unterschied zu Handlungen sind Operationen oder Teilhandlungen jedoch nur unselbständige Bestandteile der Tätigkeit, da ihre Resultate nicht als Ziele bewusst werden. Operationen sind aber nicht Mechanismen wie Bewegungen, da Teilziele, die auf das Handlungsziel bezogen sind, ihrer Regulation dienen können.

> **Zielgerichtete Handlungen sind die kleinste Einheit der Tätigkeitsanalyse.**

Die Handlungstheorie geht somit von der Handlung als Analyseeinheit aus. Nach welchen Gesichtspunkten kann man Handlungen klassifizieren? Man könnte von der erbrachten Leistung oder dem Produkt ausgehen und beispielsweise Schreibarbeiten, Sprech- oder Zeichentätigkeiten voneinander unterscheiden. Eine derartige Einteilung wäre allerdings aus mehreren Gründen unbefriedigend, weil die psychologische Struktur der Arbeitstätigkeit nicht erfasst werden könnte. Menschen unterscheiden sich voneinander in ihren Fertigkeiten und Erfahrungen und damit in der individuellen Betonung einzelner Arbeitsschritte. Weiters können Tätigkeiten bei gleicher Geübtheit unterschiedliche Bedeutung haben: Schreibtätigkeiten könnten sich einmal auf einen wichtigen Brief beziehen, einmal auf die Übung von Schönschrift. Führt eine Person eine Tätigkeit häufig aus (z. B. Autofahren, Berichte schreiben), so wird der Tätigkeitsverlauf verkürzt, automatisiert und generalisiert.

Aus diesen Überlegungen heraus erscheint eine Klassifikation von Tätigkeiten nach Leistungsbegriffen nicht befriedigend. Nach Hacker (1998) ist eine Einteilung der Tätigkeitsprozesse nach psychologischen Struktur- beziehungsweise Ablauftypen notwendig.

Zum Verständnis der psychologischen Struktur einer Tätigkeit ist daran zu erinnern, dass Arbeitstätigkeiten als zielgerichtete Willenshandlungen verstanden werden. Um das Ziel, das vorweggenommene Resultat der Arbeitstätigkeit, unter den jeweiligen Bedingungen erreichen zu können, muss die Tätigkeit entsprechend organisiert, also **Arbeitstätigkeiten werden als zielgerichtete Willenshandlungen verstanden.** strukturiert sein. Mittels psychischer Reguliervorgänge werden Tätigkeitsschritte entsprechend dem Sollstand kontinuierlich verändert. Je nach Aufgabenbeschaffenheit ist die Tätigkeitsstruktur unterschiedlich. Die psychische Struktur ist die (innere) Abbildung der objektiven Aufgabenbeschaffenheit.

Die vielfältigen Aufgaben werden unter unterschiedlichen Bedingungen erfüllt. Es gibt aber bestimmte Rahmenbedingungen, die immer zu beachten sind:

- Jeder Arbeitsprozess ist ein gesellschaftlicher Prozess. Diese Tatsache wirkt auf die Arbeitsstrukturierung vor allem über die Motivation ein.
- In der heutigen Arbeitswelt ist die Arbeitstätigkeit meist ein Bestandteil eines umfassenden Produktionsprozesses. Es kann nicht zu jedem beliebigen Zeitpunkt in jeder Phase des Fertigungsprozesses eingegriffen werden. Jene Stellen, bei denen ein Eingriff (verändernd oder kontrollierend) in den Arbeitsprozess notwendig ist, seien Eingriffspunkte genannt. Die Arbeitspsychologie untersucht, wie oft und wann ein Eingriff notwendig ist, welche kognitiven Fähigkeiten zum Erkennen eines Eingriffes notwendig sind, welche Ausführungen gemacht werden müssen. Arbeitstätigkeiten können in solche eingeteilt werden, die Eingriffspunkte haben (z. B. Bedientätigkeiten, Steuer- und Überwachungstätigkeiten) und andere, die keine Eingriffspunkte haben (z. B. Reparatur- und Wartungstätigkeiten an Maschinen, Handarbeit mit Werkzeugen, produktionsvorbereitende Tätigkeiten).
- Die Eingriffspunkte erlauben meistens verschiedene Arten des Eingreifens. Die Vielfalt der Eingriffsmöglichkeiten ist ein bedeutendes Merkmal des Arbeitsprozesses. Arbeitsergebnisse können oft auf unterschiedliche Art erreicht werden: Häufig ist nicht nur *ein* optimaler Weg gegeben; es bestehen mehrere günstige Wegvarianten. Die Möglichkeiten, unterschiedliche Handlungen zu setzen, bezeichnen die Freiheitsgrade einer

Arbeitstätigkeit. Freiheitsgrade bieten Möglichkeiten für Entscheidungen, für die individuelle Gestaltung des Arbeitsprozesses.

Die psychische Struktur der Arbeitstätigkeit ist vom Aufgabenziel abhängig und stellt das Gefüge jener psychischen Sachverhalte dar, die zur Erfüllung der Aufgabe in einer bestimmten Ablaufor-

ganisation wirksam werden. Die Aufgabe der Struktur besteht darin, die Tätigkeit so auszurichten, dass ein bestimmter Ist-Zustand in einen Ziel- oder Soll-Zustand über-

Die psychische Struktur umfasst Arbeitsziele und die Regulation zur Zielerreichung.

geführt werden kann. Die psychische Struktur umfasst die regulativ wirksamen Vorgänge. Hauptbestandteile der psychischen Struktur sind

- Entwürfe von Handlungsprogrammen, wobei vom antizipierten Endergebnis ausgegangen und das vorhandene Wissen eingesetzt werden muss;
- Entscheidungen, welche Wege und Mittel zum Ziel führen, und welche Abfolge der Operationen gewählt wird; und schließlich die
- Kontrolle von Soll-Ist-Divergenzen.

Mit anderen Worten: Es geht um die Bildung von Vorsätzen, um die Orientierung über die Aufgaben, um Ausführungsmöglichkeiten und Handlungsbedingungen, um den Entwurf von Aktionsprogrammen und die Entwick-

Abb. 2 Überblick über Glieder und Zusammenhänge der psychischen Regulation von Arbeitstätigkeiten (Hacker, 1998, S. 176)

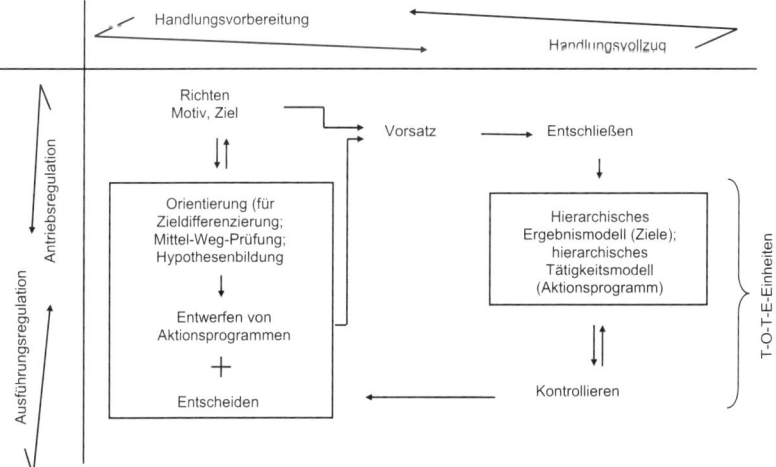

lung eines Ergebnis- und Tätigkeitsmodells, um Entscheidungen über Ausführungsweisen und Methoden der Zielerreichung und um die Kontrolle des Ausführungsprozesses durch Vergleiche von Soll- und Ist-Zuständen. Entwurf- und Entscheidungsprozesse erfolgen immer an einem inneren Modell des gewünschten Zielzustands und der möglichen Wege dorthin, Kontrollprozesse vergleichen dieses innere Modell und den Ist-Zustand (Abbildung 2). Dieses innere Modell nennt Hacker das „operative Abbildsystem".

1.2.1.1   Das operative Abbildsystem

Zielgerichtetes Handeln ist nur möglich, wenn Vorstellungen sowohl über das Ziel als auch über Wege der Zielerreichung bestehen. Hacker (1980) führt dazu den Begriff des operativen Abbildsystems ein. Dieses innere Modell des Ziels und des Aktionsprogramms determiniert die Güte des an ihm orientierten Handelns. Es muss differenziert und korrekt sein, damit ein Ziel in effizienter Weise erreicht werden kann.

Das operative Abbildsystem determiniert die Güte des an ihm orientierten Handelns.

Operative Abbildsysteme beziehen sich auf Arbeitsergebnisse, auf Ausführungsbedingungen und auf Transformationsbeziehungen. Arbeitsergebnisse sind hierbei die gewünschten Zielvorgaben, Ausführungsbedingungen sind etwa das Wissen um Rohstoffe, Funktionsweisen von Maschinen etc. Die Transformationsbeziehungen betreffen mögliche Eingriffspunkte in den Produktionsprozess, subjektive Freiheitsgrade, Steuerungstätigkeiten zur Überführung des Ist- in den Soll-Zustand und Hypothesen über die Wirkung von Eingriffen an bestimmten Eingriffspunkten und das Wissen über deren Wirkung.

Alle Abschnitte der Arbeitstätigkeit sind vom operativen Abbildsystem abhängig. Das operative Abbildsystem fungiert als Sollwert beim rückgekoppelten Soll-Ist-Vergleich während der Handlungsausführung. Der Qualität des operativen Abbildsystems kommt somit besondere Bedeutung zu.

Das operative Abbildsystem bildet die Sachverhalte des Produktionsprozesses gemäß ihrer Bedeutung für die Regulation der Tätigkeit ab. Deshalb sind oft Verzerrungen notwendig, und selektive Überbetonung ist gängig. Das operative Abbildsystem ist schematisch verallgemeinert, entspricht einem Schema oder einem Prototyp. Operative Abbildsysteme sind anforderungsabhängig und mental so kodiert, dass sie schnell abgerufen werden können. Besonders effektiv ist eine visuell-anschauliche und begrifflich-abstrakte Doppelkodierung der mentalen Repräsentation. Wenn operative Abbildsysteme jedoch ungenügend genau ausgebildet sind, dann verlangt die Tätigkeit viel Zeit und die Fehleranfälligkeit ist hoch.

Die differenzierte und richtige Ausbildung des operativen Abbildsystems sichert die Effizienz am Arbeitsplatz. Hacker (1992) weist nach, dass Spitzenkönner ihre hervorragenden Leistungen einem besonders effektiv ausdifferenzierten operativen Abbildsystem verdanken. Experten können nicht anhand der allgemeinen und berufsspezifischen Vorbildung, der Leistungen in standardisierten Intelligenztests oder der Stellung in einer Führungshierarchie bestimmt werden, sondern nur aufgrund ihrer Leistungen bei der Ausübung der betreffenden Tätigkeit. Experten in industriellen Arbeitstätigkeiten, sogar überwiegend körperlicher Art, zeichnen sich weder durch größere Körperkraft und psychomotorische Geschicklichkeit aus noch durch erhöhte Arbeitstempi oder Arbeitsintensitäten (z. B. geringere Pausenzeitanteile). Im Gegensatz zu durchschnittlichen Arbeitskräften zeichnen sich Spitzenkräfte durch qualitativ andere kognitive und motivationale Grundlagen aus. Sie kennen tätigkeitsrelevante Sachverhalte (z. B. mögliche Arbeitsfehler oder die Auftrittswahrscheinlichkeit von Ereignissen) und beherrschen Vorgehensweisen unterschiedlicher Komplexität, also Operationen, Handlungen, Tätigkeiten, Strategien für Tätigkeitsklassen sowie Metastrategien (z. B. Ermittlungsweisen von Signalen, Urteilsregeln oder planende Arbeitsverfahren).

> **Spitzenkönner verdanken ihre hervorragenden Leistungen einem besonders effektiv ausdifferenzierten operativen Abbildsystem.**

Leistungsunterschiede bei Bedientätigkeiten an teilautomatisierten Maschinen bestehen beispielsweise vor allem im Bereich der mentalen Regulationsgrundlagen. Schneider (1977) und Rühle (1979) verglichen eine Spitzengruppe in der Textilbranche, die durchschnittlich an vier Tagen das schaffte, was eine Vergleichsgruppe in fünf Tagen schaffte. Die Ergebnisse (Tabelle 3) legen nahe, dass Experten bereits prophylaktisch handeln und damit weniger unproduktive Maschinenstillstände entstehen lassen, und die wenigen entstandenen schneller beheben. Dazu beugen sie mit nicht unbedingt erforderlichen zusätzlichen Verrichtungen fehlerbedingten Stillständen vor. Treten dennoch Stillstände ein, so zieht jede einzelne Behebung nur geringen zeitlichen Aufwand mit sich – bedingt durch das identifizierungsbegünstigende Wissen um mögliche Ursachen, um deren Anzeichen, die Signale und um die Auftretenswahrscheinlichkeit der Ursachen. Darüber hinaus wird die Gesamtstillzeit mittels der Strategie minimiert, langdauernde Behebungen zugunsten kürzerer zu unterbrechen. Experten haben exaktes Wissen um die voraussichtliche Behebungsdauer, und sie organisieren den Arbeitslauf vorausschauend. Insgesamt verfügen sie über ein differenziertes operatives Abbildsystem, das Wege, mögliche Fehler und Korrekturnotwendigkeiten und das Ziel vorwegnimmt.

Tab. 3   Leistungsunterschiede zwischen Spitzenarbeitern und anderen Bedienern von Kreuzspulmaschinen in der Textilbranche (nach Hacker, 1998, S. 383)

Bereich	Kriterien	Richtung	Statistische Signifikanz
Arbeitsintensität	• Ausnutzung der Arbeitszeit	höher	nicht signifikant
	• Arbeitstempo	höher	nicht signifikant
Sensumotorische Fertigkeiten	• Verrichtung A	schneller	nicht signifikant
	• Verrichtung B	schneller	nicht signifikant
Mentale Regulations-grundlagen von Arbeitsverfahren (insbesondere operative Abbildsysteme)	• Suchzeit nach Fehlerursachen Ursachenkenntnis	kürzer	signifikant
	• Fehlerverhütende Verrichtungen Maßnahmenkenntnis	häufiger	schwach signifikant
	• Unterbrechen langer Verrichtungen zugunsten kurzer; Strategienanwendung/Planen	häufiger; länger	signifikant
	• Organisieren bedienfreier Laufperioden; Strategienanwendung/Planen	häufiger; länger	signifikant
	• Kenntnis der Auftrittshäufigkeit von Fehlern	umfassender	signifikant
	• Kenntnis der Signale für Fehlerursachen	umfassender	signifikant
	• Kenntnis der Dauer von Fehlerbehebungen und anderen Operationen	exakter	signifikant
	• Kenntnis von Effizienz-Merkmalen von Vorgehensvarianten	umfassender	signifikant

Wie werden Handlungen durch die innere Repräsentation des Zieles und des Weges zum Ziel reguliert? Die psychische Regulation des praktischen Handelns erfolgt über komplexe Systeme antizipativer, operativer und auf der Basis von Rückkoppelungsbeziehungen kontrollierter Schritte. Es liegt eine Regulation vor, bei der mindestens das Ziel vorweggenommen ist, in der Regel aber auch der Tätigkeitsablauf und die handlungsrelevanten Bedingungen. Die vorweggenommenen mentalen Bilder sind relativ stabil. Über Kontrollprozesse wird das je Erreichte mit dem Ziel verglichen (Abbildung 3). Jede komplexe Handlung zwingt zunächst zur Analyse und Rückstellung von Teilhandlungen, während andere ausgeführt werden. Die zurückge-

Abb. 3 Regulation von Handlungen über das operative Abbildsystem

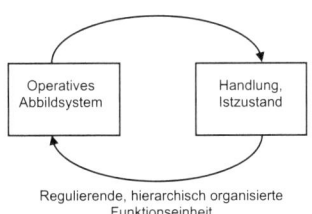

stellten Handlungen werden gespeichert, zusammen mit einem Programm, das die Reihenfolge der Operationen organisiert. Die wirksame Funktionseinheit der Tätigkeit ist der Rückkoppelungskreis, also die Rückkoppelung eines auf eine Zielstellung hin entstandenen Tätigkeitsresultates und die Fortsetzung der zielgerichteten Tätigkeit bis zur Feststellung hinreichender Übereinstimmung des rückgemeldeten Produktes mit dem Sollwert oder Ziel. Ein ständiger Vergleich (Test) zwischen Ist- und Soll-Zustand findet statt. Die Einheit „Rückkoppelungskreis" wird von Miller, Galanter und Pribram (1970) als T-O-T-E-Einheit (test-operate-test-operate-test ... exit) bezeichnet (Abbildung 4a). Hacker (1998) bevorzugt die in Abbildung 4b gezeigte Darstellungsweise und bezeichnet den Rückkoppelungskreis als Vor(weg)nahme-Veränderungs-Rückkoppelungseinheit (VVR-Einheit). Der wesentliche Unterschied ist für Hacker (1998) die Frage, worauf sich die Rückkoppelungsprozesse beziehen, also *womit* Veränderungen verglichen werden, und woher diese Vor(weg)nahmen stammen. Er betont damit die Abgrenzung von einem formalen Zyklus aus Vergleichen und Verändern „an sich".

Die genannten Rückkoppelungseinheiten beschreiben einen nach außen offenen Kreisprozess, der von Führungsvorgaben und Umwelteinflüssen abhängig ist. Die regulierenden Funktionseinheiten stellen oft komplexe, verschachtelte Vergleich-Veränderungs-Rückkoppelungseinheiten dar, die Vorgänge im Organismus selbst oder Organismus-Umwelt-Beziehungen darstellen. Durch die Verschachtelung von VVR-Einheiten können umfassende Aktionsprogramme abgebildet werden (Abbildung 5).

Das Ziel der Arbeit ist nicht die Tätigkeit an sich, sondern das Endprodukt. Die Vorwegnahme des Endprodukts und das Verständnis dafür, wofür eine Tätigkeit nützlich ist und welchen Sinn die eigene Arbeit im Gesamtproduktionsprozess hat, ist in modernen Gesellschaften – nach Karl Marx – aufgrund der Entfremdung häufig nicht möglich. Damit verliert Arbeit auch

Abb. 4   Vor(weg)nahme-Veränderungs-Rückkoppelungseinheit (VVR-Einheit) in der Schreibweise als (a) T-O-T-E (Test-Operate-Test-Exit)-Einheit und (b) in der Symbolik der Datenflussbeschreibung (Hacker, 1998, S. 214)

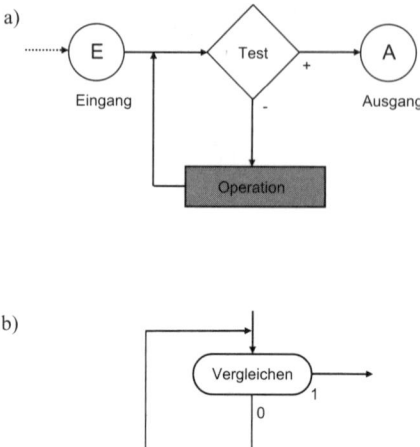

intrinsischen Motivationswert. Deshalb sind Sekundärverstärker, wie Geld, Prämien etc., zum Anreiz der Arbeitstätigkeit geworden. Das individuelle Motiv zur Arbeitsverrichtung bezieht sich oft auf die durch den Lohn gebotenen Möglichkeiten der Bedürfnisbefriedigung und auf die Sozialkontakte, die durch die Arbeit ermöglicht werden.

Zielführende Arbeitstätigkeiten erfordern ein spezifisches System von Willensvorgängen und Disziplin in der Durchführung. Hacker (1980, 1998) spricht in diesem Zusammenhang von Antriebsregulation oder Motivation.

Arbeitstätigkeit erfordert auch kognitive Leistungsfähigkeiten. Bei der Übernahme eines Arbeitsauftrages muss das geforderte Ergebnis als Ziel bereits ideell vorweggenommen werden. Die ideelle Vorwegnahme des Arbeitsergebnisses muss kognitiv möglich sein, um die Arbeitsschritte auf das Ziel hin zu steuern. Hacker (1980, 1998) bezeichnet diese Regulationsvorgänge als Ausführungsregulation. „Die Antriebsregula-

Antriebsregulation bezeichnet das für zielführende Arbeitstätigkeiten erforderliche spezifische System von Willensvorgängen.

Ausführungsregulation bezeichnet Regulationsvorgänge, die die Arbeitsschritte auf ein ideell vorwegnehmbares Ziel hin steuern.

Abb. 5 Schematische Darstellung der hierarchischen Struktur einer regulativen Funktionseinheit (VVR-Einheit) (Hacker, 1998, S. 215)

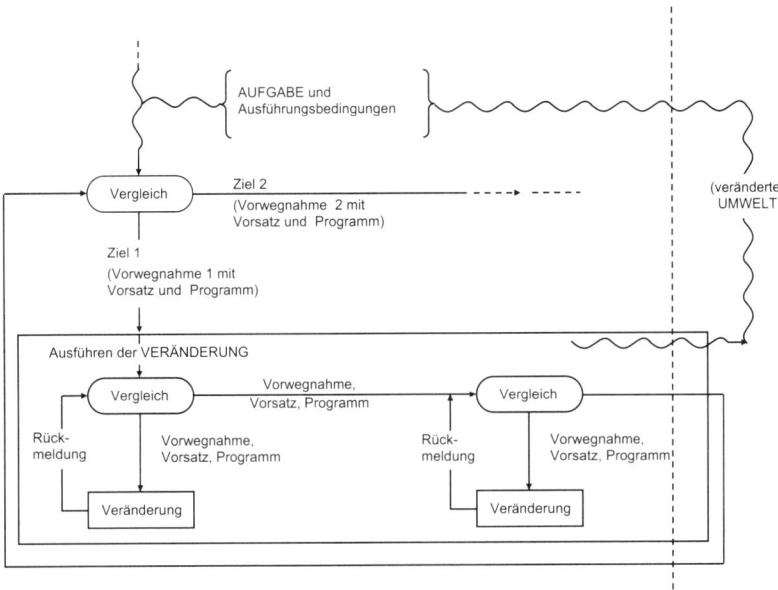

tion bestimmt, ob gehandelt und welche Tätigkeit mit welcher Intensität
ausgeführt wird. ... Die Ausführungsregulation bestimmt, auf welche Weise
gehandelt wird." (Hacker, 1998, S.63-64)

Die Antriebsregulation oder Motivation wird im Folgenden nicht behandelt; hierfür sei auf einen anderen Band dieser Reihe verwiesen (Kirchler
und Rodler, 2002), die Ausführungsregulation nach Hacker (1980, 1998)
hingegen wird vorgestellt. Sie beschäftigt sich primär mit der Frage, wie das
Handeln gesteuert und reguliert wird, um das gewünschte Ziel zu erreichen.
Die Ausführungsregulation erfolgt auf drei Ebenen: Auf der sensumotorischen, perzeptiv-begrifflichen und intellektuellen Ebene.

1.2.1.2 Sensumotorische Regulationsebene

Arbeitsanforderungen verlagern sich immer mehr von Betätigungen, die
hohen Kraftaufwand erfordern, häufig gleichartige Bewegungen verlangen
und durch großmotorischen Einsatz (also den Einsatz des ganzen Körpers)

zu bewältigen sind, hin zu Betätigungen, die größere Freiheit der Bewegungen erfordern, differenziertere Dosierung der Bewegungsbreite und der eingesetzten Kräfte verlangen, hoher Abstimmung gleichzeitiger Operationen und höherer Präzision der raum-zeitlichen Koordination bedürfen. Der Grund für die Verlagerung liegt im Einsatz der Maschinen, der Verkleinerung von Bauteilen usw.

Alle Arbeitstätigkeiten werden durch sensumotorisch regulierte Bewegungen realisiert. Die Kenntnis der Eigenschaften der sensumotorischen Regulation der Arbeitstätigkeiten ist notwendig, um die Auswahl und Bestgestaltung von Bedienteilen und Bedienfeldern im Mensch-Maschine-System sachgerecht vollziehen zu können.

Die Komponenten der sensumotorischen Ausführungsregulation – bewegungsorientierende Abbilder und Bewegungsentwürfe – sind nicht bewusstseinspflichtig und nur zum Teil bewusstseinsfähig. Nicht bewusstseinspflichtig sind beispielsweise die kinästhetischen Vorgänge, die als reafferente Signale im Bewegungsapparat entstehen. Bewusstseinspflichtigkeit besteht bei sensumotorischen Ausführungen dann, wenn eine Veränderung des generalisierten Ablaufes notwendig ist, also bei Störungen oder beim Erlernen neuer Inhalte. Im Normalfall ist das Bewusstwerden der sensumotorischen Regulationsabläufe störend. Zur Veranschaulichung dieser Störung mag man sich den Tausendfüßler vorstellen, der stolpert, wenn er überlegen muss, wie er die „1.000 Beine koordiniert".

Hacker (1980, 1998) betont bezüglich der sensumotorischen Regulation, dass

- Bewegungen nicht in erster Linie als efferent-effektorisches, sondern als afferent-sensorisches Phänomen analysiert werden müssen. Daraus folgt, dass ein sensumotorischer Kreisprozess unter Einfluss kognitiver Prozesse zu untersuchen ist.
- Zielgerichtete Bewegungen sind an einen ständigen Zufluss sensorischer Afferenzen gebunden. Ein wesentlicher Bestandteil dieser Afferenzen sind reafferente Meldungen (z. B. über die Lage der Gliedmaßen).
- Da Arbeitsbewegungen der Erfüllung von Aufgaben dienen, haben Menschen zu den Arbeitsbewegungen auch Einstellungen. Veränderungen der Einstellungen führen zu messbaren Veränderungen der Motorik (z. B. Tonusänderungen).
- Der Sinn der durch Bewegungen zu lösenden Aufgaben bestimmt über die Motivation die Struktur der Willkürbewegungen.
- Bewegungen sind stets nach Funktionszielen organisiert und nicht nach anatomischen Einheiten.

Insgesamt bestimmen Regulationsvorgänge psychischer Art die physiologische Natur von Bewegungen. Hauptaspekt der psychologischen Bewegungsanalyse ist nicht der energetische Aspekt, sondern der informationelle. Zur Veranschaulichung der Notwendigkeit der sensorischen Information bei der Bewegungsausführung, kann der Leser einen einfachen Satz einmal mit optischer Kontrolle schreiben und einmal ohne während des Schreibens auf das Papierblatt und die Hand mit dem Stift zu schauen.

Die psychologische Bewegungsanalyse konzentriert sich nicht auf den energetischen, sondern auf den informationellen Aspekt.

Die handlungstheoretische Sicht der sensumotorischen Regulation lässt eine Reihe von Folgerungen für das Arbeitsstudium und -training ziehen:

Das Arbeitsstudium und die Arbeitsanalyse kann nicht von unten nach oben, von sinnentleerten Elementarbewegungen ausgehend, erfolgen, sondern muss bei den Zielen beginnen. Das Kernproblem angemessener Arbeitsanalyseverfahren besteht nicht im Auffinden einer festen Anzahl letzter Tätigkeitselemente, etwa von Grundbewegungen wie im Taylorismus, sondern im Ermitteln der funktionellen Einheiten. Die Analyserichtung darf nicht von sinnentleerten Einzelbewegungen ausgehen, sondern muss „top-down" erfolgen.

Die Analyserichtung darf nicht von sinnentleerten Einzelbewegungen ausgehen, sondern muss „top-down" erfolgen.

Weitere Auswirkungen betreffen die Ausbildung für sensumotorisch akzentuierte Arbeitsverrichtungen. Das Erlernen sensumotorisch akzentuierter Tätigkeiten ist nicht interpretierbar im Sinne der Bildung von Kettenreflexen. Seifert (1968, S. 120f) schreibt dazu: „Vielmehr wird vom Lernenden zunächst die Strategie des komplexen Bewegungsablaufs verbal erfasst, d. h. bei der Beobachtung der geforderten Fertigkeiten die Gesamtstruktur rezipiert, wenn auch nicht in klar ausgegliederter Form. Außerdem werden ... bereits im Ansatz ... plastische senso- bzw. psychomotorische Regeleinheiten gebildet, sodass der Effekt jeder Probierbewegung sofort zurückgemeldet, mit der allgemeinen Strategie verglichen und in ... adäquater Weise wiederholt werden kann. Mit Hilfe dieser Kreisprozesse wird ... Zug um Zug die Taktik der Bewegung erworben, d. h. die Techniken ..., bestimmte Bewegungseffekte zu erzielen. Auf diese Weise wird schließlich ein hierarchischer Plan, ein Programm aufgebaut, das u. a. vorprogrammierte Bewegungsabfolgen, also gespeicherte, gegliederte Impulssequenzen enthält, die als ganze ausgelöst werden, sobald die Arbeitsbewegung ausgeführt werden soll."

Die psychischen Regulationsgrundlagen sind somit auch bei sensumotorischen Vollzügen als Orientierungsgrundlagen und Aktionsprogramme leistungsbestimmend. Deshalb muss das Training von Bewegungen bei der Orientierung ansetzen, betont Hacker (1980; 1998): Methoden gezielter lernbedingter Verbesserungen der Regulationsgrundlage sind u. a. indirekte Trainingsmethoden (perzeptive, mentale, observative Methoden); die Regulation manueller Arbeiten durch Sprechimpulse (sprachgestütztes Training) und kognitive Rückmeldungen über fehlerhafte Ausführungen und Ursachen.

Indirekte (perzeptive und mentale) Trainingsmöglichkeiten komplizierter sensumotorisch akzentuierter Tätigkeiten dienen dem Erwerb, der Festigung und der Erhaltung von Fertigkeiten, in dem nicht die Tätigkeit sichtbar motorisch realisiert wird, sondern „nur" gedanklich beziehungsweise vorstellungsmäßig vollzogen oder wahrnehmungsmäßig mitvollzogen wird. Aktiv sind die psychischen Regulationsgrundlagen, die motorische Aktivität – das scheinbar Wesentliche – bleibt dagegen unterschwellig. Die indirekten Trainingsmethoden nutzen – als eine ihrer Grundlagen eine seit langem bekannte naturwissenschaftliche Gesetzmäßigkeit, das ideomotorische Prinzip – nach seinem Entdecker, dem englischen Arzt Carpenter, auch als Carpenter-Effekt bezeichnet. Carpenter beschrieb den seit alters von Gauklern benutzten Sachverhalt, wonach das Sehen einer Bewegung sowie in schwächerem Maße auch deren Vorstellung die Tendenz zur Ausführung eben dieser Bewegung auslöst. Mit Hilfe der Ableitung der Muskelaktionspotentiale lassen sich nicht bewusste und nicht bis zur sichtbaren Ausführung gelangende schwache Muskelaktivierungen nachweisen, die strukturell den wahrgenommenen oder vorgestellten Bewegungen ähnlich sind.

Eine zweite Grundlage indirekten Trainings ist das rechtzeitige, inhaltlich sowie kodierungsseitig optimale Bereitstellen der kognitiven Regulationsgrundlagen für die zu erlernende Tätigkeit. Durch Denk-, Sprech- und Vorstellungsprozesse können jene hierarchisch übergeordneten kognitiven Regulationskomponenten (z. B. Wissen um Signale oder um Bewegungsmerkmale für Rückmeldungen, die im Abbildbereich nach ihrer Bedeutung gewichtet, vereinfacht und isoliert werden können) leicht vermittelt werden, die im praktischen direkten Training häufig mühsam gewonnen werden müssen. Die dabei entwickelten Wahrnehmungen und Vorstellungen erleichtern die Nutzung bewegungsrelevanter Informationen und sensibilisieren gegenüber Meldungen über Abweichungen im Bewegungsablauf.

Die indirekten Trainingsmethoden ermöglichen die Erprobung und Differenzierung von Aktionsprogrammen im internen Probehandeln. Die Effektivität einer zweckmäßigen Kombination von indirektem und direktem Training ist sehr hoch. Es können Erfolge erzielt und Kosten eingespart werden (kein Einsatz von Maschinen, Fehlervermeidung, Möglichkeit indirekter

Trainings bei jeder Witterungslage etc.). Ulich (1967; siehe Hacker, 1998, S. 658) untersuchte die Wirkung verschiedener Übungsformen bei einer Fingergeschicklichkeitsaufgabe und konnte bestätigen, dass der Übungseffekt bei angemessener Kombination zwischen aktiver und mentaler Übung nicht geringer ist als der Effekt ausschließlich aktiver Übung (Abbildung 6).

Abb. 6 Wirkung verschiedener Übungsformen bei einer Fingergeschicklichkeitsaufgabe (Ulich, 1967; aus Hacker, 1998, S. 658)

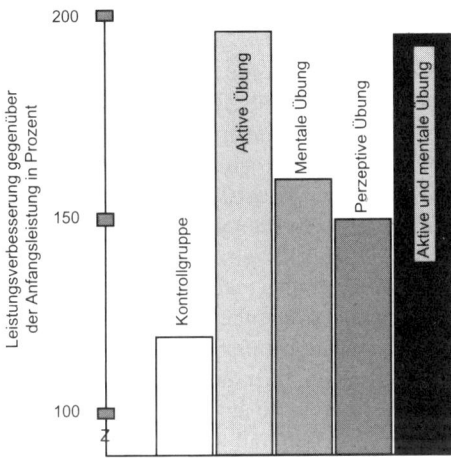

1.2.1.3 Perzeptiv-begriffliche Regulationsebene

Auf perzeptiv-begrifflicher Ebene sind die Sprache und Signale bedeutsam. Die Anforderungen am Arbeitsplatz variieren mit dem Umfang der Gesamtreize, dem Reizspektrum und der Auftrittswahrscheinlichkeit eines relevanten Reizes, mit der Erfassbarkeit der handlungsrelevanten Reize, dem Abstraktionsgrad der informativen Reize, der zeitlichen Dichte erforderlicher Verarbeitungsleistungen, der Vorhersehbarkeit des Auftretens, dem Geübtheitsgrad des Arbeitenden, der Vertrautheit, den Strategien, der Effektivität des subjektiven Inventars von Signalen und dem Entscheidungsverhalten.

Nicht alle Reize sind Signale. Signale sind funktional bedeutsame Reize, die eine bestimmte nützliche Information über den zu regulierenden Arbeitsprozess vermitteln und eine Antwortreaktion verlangen. Signale sind

Anzeigen für ein notwendiges spezifisches Handeln: Sie haben Aufforderungscharakter. Signale können unmittelbar dem Arbeitsprozess entnommen oder über Mess- und Anzeigegeräte vermittelt werden. Signale im Arbeitsprozess sind meist komplex, sind Sig-

Signale vermitteln eine bestimmte nützliche Information über den zu regulierenden Arbeitsprozess und verlangen eine Antwortreaktion.

nalverbindungen, also Signale höherer Ordnung, wobei ein Signal erneut ein Signal anzeigt. Ohne Signale aus dem Arbeitsprozess, einschließlich der Rückmeldungen aus der Tätigkeitsausführung selbst, ist keine geordnete Tätigkeit möglich. Signale informieren nicht nur über Merkmale des Produktionsprozesses, sondern sind im Ergebnis eines Zuordnungslernens mit den jeweils erforderlichen Maßnahmen verknüpft. Beim Geübten lösen verschiedene Signale unmittelbar unterschiedliche Aktionsprogramme aus. Mit dem Erlernen von Reiz-Reaktionsverknüpfungen können die kognitiven Signalverarbeitungs- und Entscheidungsvorgänge entfallen. Arbeitskräfte mit höheren Leistungen erfassen Signale differenzierter, schneller und müheloser als weniger tüchtige Arbeitskräfte. Aufgrund der differenzierten Erfassung und Verarbeitung wird die Situation zutreffender abgebildet. Das Signalinventar bildet eine besondere Klasse der subjektiven Regulationsgrundlagen von Tätigkeiten. Die Ursachen individueller Leistungsunterschiede bei unterschiedlichsten Produktionsaufgaben liegen oft in verschiedenen individuellen Signalinventaren. Leistungsstarke Personen verfügen über Signalinventare, die besonders bedeutsame Signale hervorheben und weniger bedeutungsvolle geringer gewichten.

Signale sind regulative Einheiten nur scheinbar einfacher Art. Sie entstehen als lernbedingte Komplexe aus Wahrnehmungs-, Gedächtnis- und Urteilsleistungen. Signale sind auf alle Fälle bewusstseinsfähig, aber nicht notwendig ausnahmslos bewusstseinspflichtig. Wenn manches wie im Schlaf läuft, sind Abläufe automatisiert und nicht bewusst, aber sie können bewusst gemacht werden. Für die Signalerfassung sind alle Gesetzmäßigkeiten wesentlich, die die menschliche Wahrnehmung betreffen. Im Orientierungsprozess werden nicht alle Einwirkungen bewusst erfasst und verarbeitet. Auch nicht bewusstseinspflichtige und sogar nicht bewusstseinsfähige Reize können an der Regulation von Tätigkeiten beteiligt sein. Hauptbedingung der Detektion von Reizen oder Signalen ist das Verhältnis der Intensität des relevanten Merkmals und der Umgebungseinflüsse. Nur wenn ein Abheben vom Hintergrund möglich ist, kann identifiziert, interpretiert beziehungsweise zugeordnet werden. Verschiedene Signale oder Reize müssen auch voneinander unterscheidbar sein, wenn unterschiedliche Reaktionen erfolgen sollen. Die Psychophysik leistet relevante Beiträge zur Optimierung der Signalgestaltung. Das Kriterium der Unterscheidbarkeit von Signalen und der Hintergrunddifferenz ist zwar einsichtig, aber nicht immer gegeben, wie manche „Wälder" von Gebots-, Verbots- und Hinweisschildern an Verkehrsknotenpunkten zeigen.

Identifikation von Signalen bedeutet (Wieder-)Erkennen eines auftretenden Reizes als ein und derselbe spezifische kategoriale Reiz. Für alle Sinnesmodalitäten gilt, dass nur eine relativ kleine Zahl von Reizen sicher identifiziert werden kann. Als viel zitierter Faustwert gilt Millers (1956) auf akustische und visuelle Reize bezogene Angabe von 7 ± 2 identifizierbaren Merkmalsausprägungen bei Variation nur einer Reizdimension. Damit ist eine Eingrenzung des nützlichen Merkmalsausprägungsalphabets gegeben. Möglichkeiten zur Erhöhung der Anzahl fehlerfrei identifizierter Merkmalsausprägungen bis etwa 15 ergeben sich durch die Einführung zusätzlicher, unabhängig voneinander variierender Dimensionen der Reize. Eine weitere Möglichkeit zur Erhöhung der Leistungsfähigkeit bei der Erkennung von Zeichen ist durch die Bildung von Superzeichen gegeben.

Für die Arbeitsgestaltung lassen sich von den Überlegungen über Signale einige praktische Konsequenzen ableiten. Besonders wichtig ist die Wahl des geeignetsten Analysators und der geeigneten Anzeigegeräte. Verschiedene Analysatoren weisen unter anderem wegen differierender Unterschiedsempfindlichkeit Leistungsunterschiede bezüglich der Anzahl unterscheidbarer Reize auf. Signale müssen deutlich voneinander abzuheben sein: Nur Alphabete mit Reizabständen, die ein Vielfaches der jeweiligen schwelligen Abstände betragen, ermöglichen rasches und sicheres Unterscheiden. Auch innerhalb einer Modalität unterscheiden sich verschiedene Reizdimensionen hinsichtlich der übertragbaren Informationsmenge. Deshalb müssen geeignete Reizdimensionen gewählt werden. Soll der von einem Reiz übertragbare Informationsgehalt erhöht, die Anzahl identifizierbarer Merkmalsausprägungsstufen vergrößert werden, so muss die Zahl der veränderlichen Reizparameter gesteigert werden. Ein gleichartiger Effekt ist durch die Wahl eines Bezugssystems mit hinreichender Binnengliederung zu erzielen. Die Anzahl identifizierbarer Merkmalsausprägungen eines Alphabets kann – bei unveränderter Dimensionsanzahl beziehungsweise phänomenaler Komplexität – durch die Einführung zusätzlicher aufgabenrelevanter Bezugspunkte im Sinne der feineren Klassenbildung erhöht werden. Anschaulich-konkrete Beziehungen unterscheiden sich von symbolisch-abstrakten durch ein geringeres Anforderungsausmaß und folglich niedrigeren Lernaufwand, niedrigere Beanspruchung, geringere Fehlerquote und niedrigeren Zeitbedarf. Deshalb ist die angemessene Wahl der Zuordnungs- beziehungsweise Verschlüsselungsform vom informationstragenden Merkmal und bezeichnetem Objekt beziehungsweise Objektzustand wichtig.

Auf perzeptiv-begrifflicher Regulationsebene spielt neben Signalen auch die Sprache eine bedeutende Rolle. Die Sprache dient vorrangig der zwischenmenschlichen Kommunikation. Im Arbeitsprozess wird mittels Sprache unterrichtet, Arbeit geplant, der Arbeitsprozess koordiniert und das Arbeitsergebnis bewertet.

Die korrekte Wiedererkennung von Reizen beziehungsweise Signalen hängt in hohem Maße von deren Benennbarkeit ab. Eine wichtige Rolle spielt dabei die innere Sprache.

Die korrekte Wiedererkennung von Reizen beziehungsweise Signalen hängt von deren Benennbarkeit ab.

So ist beispielsweise bei der Suche bestimmter Buchstabenserien das Suchtempo niedriger und die Fehlerquote höher, wenn die zu untersuchenden Buchstaben ähnlich klingen wie der gesuchte Buchstabe. Die Ursache dafür liegt in der Bildung von akustischen Repräsentationen beim visuellen Suchen. Einschränkend gilt, dass sich Personen, die dem optischen Personentypus zugehören, besonders dann schwer tun, wenn die Buchstabenketten ähnlich aussehen wie der gesuchte Buchstabe.

Beispiel: Anzustreichen ist der Buchstabe	C
(a) Schwierige Aufgabe für akustische Typen:	D G B P C T G
(b) Schwierige Aufgabe für visuelle Typen:	P U D O C Q G
(c) Leichte Aufgabe:	F S L M C X K

Die innere Sprache führt zu besseren Leistungen bei der Ausführung von Arbeitstätigkeiten. Mit verstärkter Beteiligung der inneren Sprache im Falle von Schwierigkeiten steigt die Zuverlässigkeit der Aufgabenbewältigung an. Diese Tatsache ist höchst praxisrelevant, beispielsweise bei der Eingabe- und Entnahmetätigkeit von Informationen an peripheren Geräten von Informationsverarbeitungssystemen. Die Eingabeleistung ist hinsichtlich Fehlerquote und Tempo bei nicht benennbarem Material (z. B. sinnfreien Silben wie „RKD") gering. Höhere Leistungen sind bei sprechbaren, sinnlosen Silben (z. B. „TAF", „GUR") gegeben, und noch höhere bei sinnerfüllten Buchstabenreihen (z. B. „TOR", „WORD"). Matern (1971) konnte in einem Experiment die Leistungsabhängigkeit von der Benennbarkeit der Signale nachweisen. Sie symbolisierte Signale mit geometrischen Figuren, Abkürzungen, englischen Worten, deutschen Worten, nicht silbenweise sprechbaren, sinnfreien Buchstabenfolgen und silbenweise sprechbaren, sinnfreien Buchstabenfolgen und fand die in Abbildung 7a und 7b dargestellten Ergebnisse bezüglich Eingabezeiten und Fehleranteile.

Abb. 7a Durchschnittliche Eingabezeit in Abhängigkeit von der Signalbezeichnung (Matern, 1971; Hacker, 1980, S. 163)

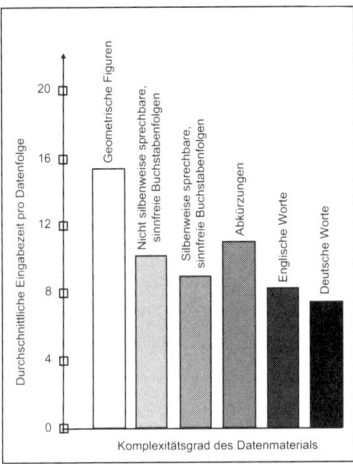

Abb. 7b Durchschnittliche Fehleranteile in Abhängigkeit von der Signalbezeichnung (Matern, 1971; Hacker, 1980, S. 163)

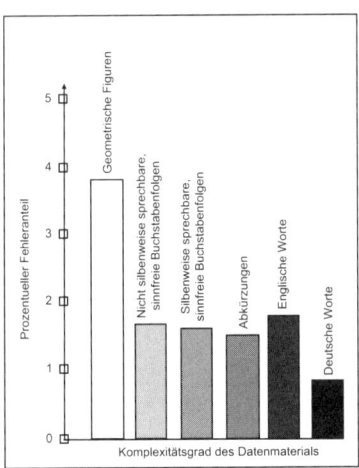

1.2.1.4 Intellektuelle Regulationsebene

Leistungsstarke Personen sind im Vergleich zu leistungsschwachen mehr mit der kognitiven Analyse des Arbeitsprozesses befasst, aber nicht intensiver mit manueller Tätigkeit. Sie zeichnen sich durch intensive antizipierende, organisierende und planende Tätigkeit aus, im Besonderen durch eine differenzierte Fehlerprophylaxe. Die Überlegenheit in der Leistung ist also in den intellektuell vermittelten Veränderungen, in der Struktur der Tätigkeiten begründet. Der Einfluss der Denkvorgänge strahlt auf die gesamte Struktur von Arbeitstätigkeiten über. Auch sensumotorisch und perzeptiv-begrifflich regulierte Handlungen können beeinflusst werden.

Denken läuft dem praktischen Handeln antizipierend und entwerfend voraus. Denken wird operational als Herstellung von Ordnungen in der angetroffenen Welt definiert. Dieses Ordnen vollzieht sich an Gegenständen ebenso wie an den Repräsentationen der Gegenstandswelt. Denken bezieht sich auch auf das Ordnen von Beziehungen zwischen Gegenständen sowie das Ordnen von Beziehungen zwischen Repräsentationen von Gegenständen.

Denken ist nicht kurzerhand Widerspiegelung der gegenwärtigen Verrichtung, sondern läuft dem praktischen Tun antizipierend und entwerfend, auf künftige Handlungsschritte gerichtet, voraus. Während der zukunftsgerichteten Denkprozesse wird das aktuelle Handeln perzeptiv-begrifflich beziehungsweise sensumotorisch reguliert.

Denkprozesse können in diagnostische (zustandsanalysierende) und prognostische (maßnahmeanalysierende) gegliedert werden. Diagnostische Denkaufgaben betreffen die Aufdeckung von Signalen und das Erkennen von Regeln und Funktionen. Prognostische Denkaufgaben bereffen die Umsetzung von technischen Vorgaben in Handlungen, die Antizipation von Tätigkeitsschritten und Resultaten, Denkvorgänge als Mittel-Weg-Diskussionen und Entscheidungen über Arbeitsmittel, -verfahren etc. und die Planung von Tätigkeiten und Erprobung am operativen Abbild.

Hohe Leistungsfähigkeit bei intellektuell zu regulierenden Leistungen besitzen vor allem Personen mit abstrakter im Gegensatz zu konkreter Grundeinstellung zum Arbeitsverhalten. Eine Gesamtpersönlichkeit mit großen Fähigkeiten zu abstraktem Denken, mit abstrakter Einstellung als Grundlage der bewussten und volitiven Verhaltensweisen, hat – im Gegensatz zu einer Person mit konkreter Einstellung zum Arbeitsverhalten – folgende Eigenschaften:

- Das „Ich" kann von der Außenwelt oder von inneren Erlebnissen abgelöst werden;
- eine geistige Einstellung kann bezogen werden;
- über das eigene Tun kann Rechenschaft abgelegt und diese in Worte gefasst werden;
- von einem Situationsaspekt wird reflektierend auf einen anderen übergegangen;
- mehrere Aspekte werden gleichzeitig im Bewusstsein gehalten;
- das Wesentliche eines gegebenen Ganzen kann rasch erfasst werden; ein gegebenes Ganzes kann in seine Teile zerlegt und wieder synthetisiert werden. Schöpferische Fähigkeiten sind gegeben;
- Oberbegriffe (Kategorien) können gebildet werden;
- vorstellend wird vorausgeplant; Möglichkeiten werden vorweggenommen und entsprechende Handlungsschritte mental am operativen Abbildsystem geplant. Es wird symbolisch gehandelt.

Auf intellektueller Regulationsebene ist die Beurteilung von Produktionsprozessen wesentlich. Die Beurteilung von Produktionsprozessen und -resultaten stellt die Grundlage für die Ableitung von Maßnahmen im Tätigkeitsprozess dar. An sogenannten Eingriffspunkten ist die Beurteilung der erreichten Produktzustände unerlässlich. Diese Beurteilungen sind aus Aussonderung, Vergleich und Kombination von Signalen abgeleitete Diagnosen von Produktionszuständen zum Zwecke der Maßnahmenfindung. Die Beurteilungen sind bewusstseinspflichtig, aber häufig schlecht verbalisierbar. Das gesteckte Ziel und die zu durchlaufenden Zwischenzustände bilden das für die Beurteilung grundlegende Wissen. Erforderlich ist das Wissen über die Eigenschaften des herbeizuführenden Endzustandes; mögliche beziehungsweise notwendige Zwischenzustände; Ablaufgesetzmäßigkeiten des Prozesses; Ausprägungsmöglichkeiten der Phänomene, die bestimmte Prozesseigenschaften anzeigen und mögliche und zweckmäßige Maßnahmen der Prozesslenkung.

Auf allen Stufen der Informationsverarbeitung sind Informationen aus einer Form in eine andere umzusetzen. Ein Teil der Transformationen von Reizmustern in tätigkeitslenkende Abbilder und dieser wiederum in Handlungen, ist nicht sensumotorischer oder perzeptiv-begrifflicher, sondern intellektueller Art (z. B. Rechenoperationen, aussagenlogische Operationen, Vergleiche ziehen, gedankliches Umformen). Mit der Anzahl der Transformationsschritte und den dazu zu merkenden Items nehmen Zeitbedarf, Fehler- und Störanfälligkeit zu.

Bei der Gestaltung des Informationsangebots mittels Anzeigegeräten (Zeiger, Skalen, Ziffernfenster, Bildschirm etc.) können mit Hilfe der technischen Vorverarbeitung der angebotenen Information, etwa durch Prozessrechner, intellektuelle Operationen und Behaltensanforderungen vereinfacht werden. Nichtlineare Zusammenhänge werden schwer durchschaut und sollen daher von einer Maschine in lineare zerlegt oder ganz von der Maschine übernommen werden. Bei der Kennzeichnung von Bedienteilen durch sinnfällige, bildhaft schematische Symbole ihrer Funktion werden gleichfalls Anforderungen an Merkleistungen reduziert. Die Symbole müssen aber einsichtig und anschaulich, konkret und differenzierbar sein. Unterschiedliche Darbietungsweisen und Vermittlermedien eignen sich bei unterschiedlichen Tätigkeiten unterschiedlich gut (beispielsweise können Texte farblich gestaltet und strukturiert werden; Hervorhebungen, Portionierung, verbale und bildliche Information sind nützlich). Schließlich können durch konkrete Zeichnungen und Graphiken räumliche Vorstellungen des Zielzustandes erleichtert werden.

1.2.2   Zur Durchführung von Tätigkeitsanalysen

Die psychologische Tätigkeitsanalyse soll Kenntnisse über die Tätigkeitsabläufe und Auftrittshäufigkeiten von Arbeitsinhalten liefern. Gerade die Häufigkeitsmuster von Handlungen und Operationen sind für die Feststellung der Anforderungsvielfalt oder -armut wichtig. Weiters sind Tätigkeitsabfolgen zu erfassen, um die Vorhersehbarkeit von Ereignissen zu definieren und damit die Möglichkeit, vorausblickend Arbeitsweisen zu entwickeln. Auch die Zeitanteile der einzelnen Tätigkeiten sind festzustellen. Die verfügbare Zeit hat Einfluss auf das Erleben der zeitlichen Anforderungen zwischen den Polen Langeweile durch Ereigniseinförmigkeit und Zeitdruck. Darüber hinaus soll die Tätigkeitsanalyse über den Beitrag der einzelnen Teiltätigkeiten Auskunft geben. Dies ist notwendig, um die leistungsbestimmenden Teiltätigkeiten von jenen trennen zu können, die für die Leistung wenig bedeuten.

Die mittels Beobachtungsinterviews durchgeführten psychologischen Tätigkeitsanalysen dienen der Optimierung von Arbeitsweisen.

Tätigkeitsanalysen werden meist mittels Beobachtungsinterviews durchgeführt und laufen in drei Schritten ab:

- Mittels Beobachtungsinterview, das heißt, mittels Arbeitsbeobachtung und anschließender Befragung, werden Teiltätigkeiten der zu analysierenden Arbeitstätigkeit erfasst, um

- anschließend ein Kategoriensystem entwickeln zu können, anhand dessen eine differenzierte und präzise Erfassung und Beobachtung aller vorkommenden Teiltätigkeiten vorgenommen werden kann.
- Die Ablaufstruktur der Tätigkeit wird durch Ganzschichtbeobachtungen erfasst. Befragungen von Experten oder Arbeitern genügen nicht, da häufig Arbeitsteilschritte nicht bewusstseinspflichtig oder -fähig sind und damit nicht erfragbar sind.

Ulich (2001, S. 96ff) bringt Beispiele psychologischer Arbeitsanalysen, an die angelehnt hier ein fiktives Beispiel skizziert werden soll. Wenn das technische und soziale System der zu untersuchenden Organisation beschrieben worden ist und ein Kategoriensystem für die Arbeitstätigkeiten entwickelt wurden, können Arbeitsbeobachtungen durchgeführt werden. Tabelle 4 zeigt das Beispiel einer Kategorisierung der Tätigkeiten eines Operateurs an einer Industrieroboter-Schweißanlage.

Tab. 4: Kategorien von möglichen Tätigkeiten eines Operateurs an einer Industrieroboter-Schweißanlage (nach Ulich, 2001, S. 98)

Kategorie	Arbeitstätigkeit
100	*Auftragsplanung und -vorbereitung*
101	Material anfordern
102	Material transportieren
103	Material bereitstellen
...	...
200	*Einrichten der Schweißanlage*
201	Programmieren/Einteachen
202	Programm laden
203	Probelauf durchführen
...	...
300	*Teiltätigkeiten im unmittelbaren Zusammenhang mit dem Schweißen*
301	Bestückung der Schweißanlage
302	Auf- und Abspannen der Werkstücke
303	Werkstücke positionieren
...	...
630	Reinigung

Durch die Ganzschichtbeobachtung wird registriert, wann, wie lange und wie oft die verschiedenen Tätigkeiten auszuführen sind. Beispielsweise könnten folgende Zeitanteile resultieren:

100 Auftragsplanung und Vorbereitung	9 Prozent
200 Einrichten des Industrieroboters	20 Prozent
300 Bestücken, Überwachen, manuelles Bearbeiten	61 Prozent
...	
630 Reinigung	0 Prozent

Im Weiteren wird die Ablaufstruktur der Teiltätigkeiten dargestellt. Die fiktiven Ablaufstrukturen von zwei verschiedenen Arbeitsstellen in den Abbildungen 8a und 8b zeigen, dass die Wiederholungshäufigkeit in bestimmten Abschnitten groß, insgesamt aber die Arbeit A relativ vielfältig und neun unterschiedliche Tätigkeiten umfasst. Arbeit B ist ein Beispiel einer relativ repetitiven Arbeit: Sie umfasst nur vier verschiedene Einzeltätigkeiten, die überdies immer in der selben Abfolge ausgeführt werden. Die Graphiken über die Arbeitstätigkeiten bieten einen guten Überblick über die Quantität und Qualität der Arbeit.

Abb. 8a   Fiktive Ablaufstruktur einer Arbeitsstelle A (nach Ulich, 2001)

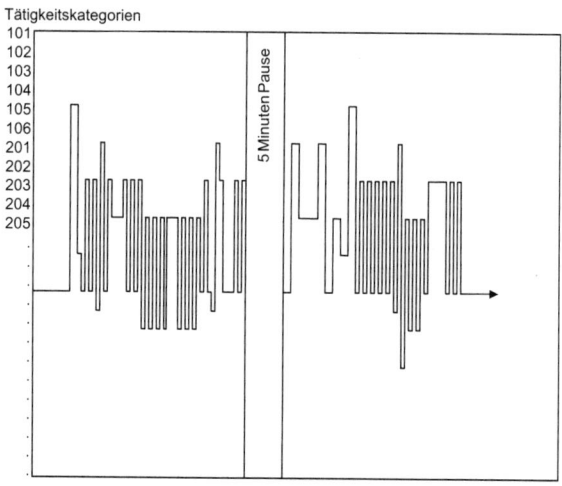

Abb. 8b Fiktive Ablaufstruktur einer Arbeitsstelle B (nach Ulich, 2001)

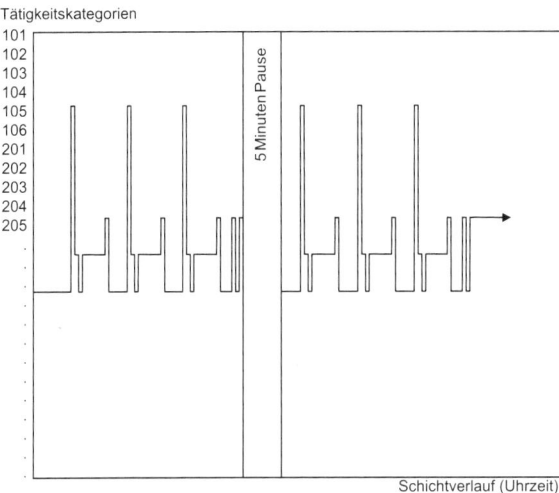

1.3 Verfahren zur Messung der Auswirkungen der Arbeit auf Arbeitstätige

Zu jeder psychologischen Arbeitstätigkeitsanalyse gehört auch die Analyse ihrer subjektiven Widerspiegelung, die Analyse der Auswirkungen von Produktionsbedingungen und Arbeitstätigkeiten auf das Befinden und Erleben der Beschäftigten. Subjektive Erfahrungen können mittels unstandardisierter Verfahren, etwa freie Berichten der Mitarbeiter, erfasst werden. Als halbstandardisierte Verfahren

Jede psychologische Tätigkeitsanalyse muss auch die Auswirkungen der Arbeit auf Arbeitstätige untersuchen.

werden Interviews, Beobachtungsverfahren, Arbeitstagebücher oder die Technik der kritischen Ereignisse bezeichnet. Schließlich können standardisierte Verfahren, wie sie hauptsächlich durch Fragebögen vorliegen, angewandt werden.

Als häufig angewandte Verfahren zur Erfassung des subjektiven Erlebens objektiver Arbeitssituationen führt Ulich (2001) folgende Instrumente an:
1. Job Diagnostic Survey (JDS; Hackman und Oldham, 1975, 1976). Eines der bekanntesten und international verbreitetsten Verfahren ist das Job

Diagnostic Survey, das auf der Basis eines Konzeptes über motivationsfördernde Arbeitsbedingungen und deren Auswirkungen auf Erleben und Verhalten entwickelt wurde. Die theoretische Basis des Instruments stellt die Annahme dar, intrinsische Motivation, das heißt, aus der Arbeitstätigkeit selbst entstehende Motivation, sei an drei Grundbedingungen geknüpft:

- An das Wissen über aktuelle Resultate, vor allem über die Qualität der eigenen Arbeit,
- an die erlebte Verantwortung für die Ergebnisse der eigenen Arbeit und
- an die erlebte Bedeutsamkeit der eigenen Arbeitstätigkeit.

Die drei psychologischen Grunddimensionen werden durch fünf Tätigkeitscharakteristika, Tätigkeitsdimensionen oder Merkmalsdimensionen bestimmt (Abbildung 9): Die Anforderungsvielfalt, Ganzheitlichkeit der Aufgabe, Bedeutsamkeit der Aufgabe für das Leben und die Arbeit anderer, Autonomie und Rückmeldung aus der Tätigkeit.

Abb. 9   Modell des Motivationspotentials (Hackman und Oldham, 1976)

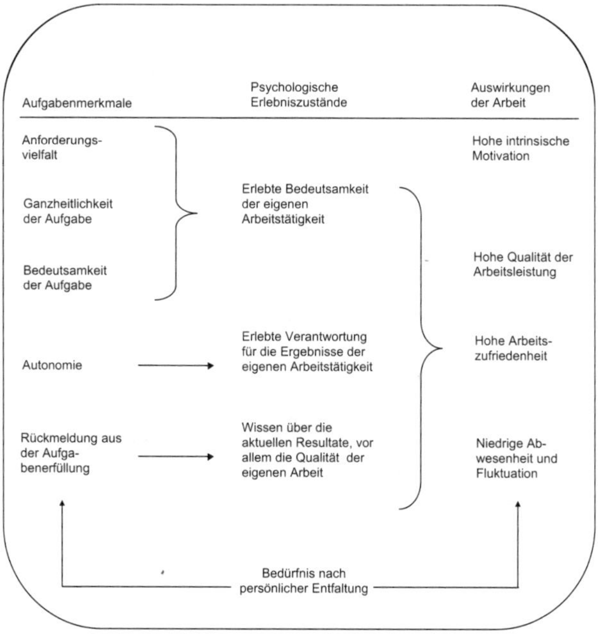

Aus der subjektiven Wahrnehmung der Tätigkeitsmerkmale, erfasst durch einfache Statements (Abbildung 10), wird das Motivationspotential einer Arbeitstätigkeit nach der folgenden Formel berechnet.

Formel 1 Motivationspotential

$$\text{Motivationspotential} = \frac{\text{Vielseitigkeit} + \text{Ganzheitlichkeit} + \text{Bedeutung}}{3} * \text{Rückmeldung} * \text{Autonomie}$$

Die additive Verknüpfung weist auf kompensatorische Ausgleichsmöglichkeiten von Vielseitigkeit, Ganzheitlichkeit und Bedeutung der Arbeitsaufgabe hin. Die multiplikative Verknüpfung steht für unabdingbare Voraussetzungen für motivierend erlebte Arbeit.

Abb. 10   Items aus dem Job Diagnostic Survey

Wie genau treffen diese Aussagen auf Ihre Tätigkeit zu?							
	sehr ungenau	weitgehend ungenau	ziemlich ungenau	unbe- stimmt	ziemlich genau	weitgehend genau	sehr genau
Die Tätigkeit erfordert spezielle Fachkenntnisse							
Die Tätigkeit fordert viel Zusammenarbeit mit anderen							

Außer den psychologischen Erlebniszuständen und den Tätigkeitsmerkmalen wird im Modell von Hackman und Oldham eine wichtige Personenvariable berücksichtigt: das Bedürfnis nach persönlicher Entfaltung. Aus der Annahme, dass das Bedürfnis nach persönlicher Entfaltung von Person zu Person variiert, folgt, dass Personen mit starkem Bedürfnis nach persönlicher Entfaltung die psychologischen, intrinsisch motivierenden Erlebniszustände eher erfahren und positiver reagieren werden als Personen mit schwach ausgeprägtem Entfaltungsbedürfnis.

2. Subjektive Arbeitsanalyse (SAA; Udris und Alioth, 1980). Die Subjektive Arbeitsanalyse entspricht weitgehend dem Job Diagnostic Survey. Als

Fragebogen mit 50 Items realisiert, werden sechs Hauptindices und 14 Subindices zur Entfremdung und Belastung gemessen (Tabelle 5).

Tab. 5 Dimensionen der Subjektiven Arbeitsanalyse (Udris und Alioth, 1980)

Entfremdung	
1. Fremdbestimmung versus Selbstregulation	1.1. Autonomie
	1.2. Variabilität
2. Sinnlosigkeit versus Transparenz	2.1. Aufgabentransparenz
	2.2. Soziale Transparenz
3. Dequalifikation versus Handlungskompetenz	3.1. Aufgabenverantwortung
	3.2. Ereignisverantwortung
4. Soziale Isolierung versus soziales Engagement	4.1. Soziale Unterstützung durch Kollegen
	4.2. Kooperation
	4.3. Respekt durch den Vorgesetzten
Beanspruchung	
5. Qualitative Unterforderung	5.1. Qualifikatorische Anforderungen
	5.2. Einsatz vorhandener Qualifikationen
	5.3. Chancen
6. Qualitative und quantitative Überforderung	6.1. Arbeitsvolumen
	6.2. Schwierigkeit

3. Subjektive Tätigkeitsanalyse. Die Subjektive Tätigkeitsanalyse (STA; Ulich, 1993) stellt ein prozessorientiertes Vorgehen dar, um Veränderungsbereitschaften zu erzeugen. Während mittels der Subjektiven Arbeitsanalyse (SAA; Udris und Alioth, 1980) vor allem die subjektiv wahrgenommene Arbeitssituation erfasst wird, dient die Subjektive Tätigkeitsanalyse im Gegensatz dazu, Differenzen zwischen Ist- und Sollzuständen aufzuzeigen und den Wunsch nach Veränderungen am Arbeitsplatz und Handlungsbereitschaften zu wecken, um letztlich innovative Schritte setzen zu können. Üblicherweise gibt es enorme Veränderungswiderstände in Betrieben, auch dann, wenn die objektive Lage verbesserungswürdig ist. Gründe für die Änderungsresistenz sind häufig Gewöhnung, resignative Zufriedenheit und Nivellierung der Differenzen zwischen Ansprüchen und Realität durch Prozesse zur Bereinigung kognitiver Dissonanz. Mit der Subjektiven Tätigkeitsanalyse soll die individuelle Position des Arbeitenden zur Geltung gebracht werden; Qualifizierungsbarrieren sollen abgebaut und Qualifizierungsbereitschaften ausgelöst beziehungsweise entwickelt werden. Zugleich sollen Voraussetzungen geschaffen werden, um objektive Handlungs- und Gestaltungsspielräume zu erken-

nen und zu nutzen und Möglichkeiten der Erweiterung wahrzunehmen und zu realisieren. Bevor Prozesse der Alternativenfindung und -planung stattfinden können, muss die gegebene Situation als problematisch erkannt werden. Den Arbeitenden wird zu diesem Zweck ein Raster vorgelegt, auf dem verschiedene psychologisch relevante Aspekte der Arbeitstätigkeit zur Beurteilung aufgeführt sind. Die Arbeitenden nehmen dann ihre Arbeitssituation (wieder) als problemhaltig wahr und sollen Pläne für die Veränderung entwickeln. In dieser Phase muss das Prinzip der differentiellen Arbeitsgestaltung nach Ulich (2001) berücksichtigt werden. Im nächsten Schritt werden Qualifikationserfordernisse und -defizite ermittelt, um die Ziele, die im vorherigen Schritt formuliert wurden, zu realisieren. Schließlich wird ein Ausbildungsprogramm zur Vermittlung der erforderlichen Qualifikationen entwickelt.

4. Verfahren zur Ermittlung von Regulationserfordernissen in der Arbeitstätigkeit (VERA; Volpert, Oesterreich, Gablenz-Kolakovic, Krogoll und Resch, 1983). Ziel dieses Verfahrens ist die Analyse von Planungs- und Denkprozessen in der Produktion.

5. Analyse von Arbeitsbelastungen als Folge von Regulationsbehinderungen (RHIA; Greiner, Leitner, Weber, Hennes und Volpert, 1987). Die Analyse von Arbeitsbelastungen als Folge von Regulationsbehinderungen verfolgt das Ziel, äußere Arbeitsbedingungen, die beim Menschen Belastungen auslösen können, zu analysieren.

6. Instrument zur stressbezogenen Arbeitsanalyse (ISTA; Semmer, 1984). Das Instrument zur stressbezogenen Arbeitsanalyse hat das Ziel, analog zum Konzept der Risikofaktoren in der Medizin, solche Aufgabenmerkmale und Ausführungsbedingungen zu entdecken, mit denen ein Stressrisiko verbunden ist.

7. Tätigkeitsanalyseinventar (TAI; Frieling, Kannheiser, Facaoaru, Wöcherl und Dürholt, 1984). Das Tätigkeitsinventar, das modulartig organisiert ist und die Auswahl verschiedener Itemsets erlaubt, dient dazu, organisatorische, technische und ergonomische Gestaltungsempfehlungen und Qualifikationsanforderungen zu ermitteln.

2 Bewertung der Arbeit

Leitfragen
- Anhand welcher Kriterien können Arbeitstätigkeiten bewertet werden?
- Was wird unter „Humaner Arbeit" verstanden?
- Wie können Arbeitstätigkeiten „objektiv" beurteilt werden?
- Wie kann Arbeitszufriedenheit definiert werden?
- Welche theoretischen Konzepte der Arbeitszufriedenheit gibt es?
- Was ist unter der Technik der „kritischen Ereignisse" zu verstehen?
- Was ist „resignative Arbeitszufriedenheit" und wie entsteht sie?
- Steigt mit der Arbeitszufriedenheit die Leistung und sinken Kündigungs- und Absentismusraten?
- In welchem Zusammenhang stehen Arbeitszufriedenheit und organisationales Commitment?
- Wie kann Zufriedenheit gemessen werden und welche Fehler werden häufig beobachtet?
- Was sind Zeitstichproben- und Ereignistagebücher?
- Welche Vorteile bieten Tagebücher gegenüber der herkömmlichen Befindens- und Zufriedenheitsmessung?
- Was ist unter Stress beziehungsweise Distress zu verstehen?
- Wann wird von Mobbing gesprochen?
- Wie wird die Wirkung von Stress nach dem transaktionalen Stressmodell beschrieben?
- Was wird unter Burnout verstanden und wie kann ein „Ausbrennen" vermieden werden?

Die Analyse von Arbeitstätigkeiten kann nicht ohne gleichzeitige Bewertung geschehen, mit der Bewertung werden wiederum Gestaltungsrichtlinien klar. Trotzdem hält es Ulich (2001) für zielführend, der Bewertung von Arbeitstätigkeiten ein eigenes Kapitel zu widmen, und auch in der vorliegenden Arbeit wird die subjektive Bewertung besonders detailliert beschrieben.

Rohmert (1972) führt vier Kriterien zur Bewertung der Arbeit an: Ausführbarkeit, Erträglichkeit, Zumutbarkeit und Zufriedenheit. Grundlegend für eine erfolgreiche Arbeitstätigkeit ist die Möglichkeit, die Arbeit auch durchzuführen. Fehlen dem Arbeitstätigen die notwendigen Fähigkeiten, stehen die notwendigen Kräfte nicht zur Verfügung usw., dann ist die Ausführbarkeit nicht gegeben. Die Erträglichkeit bezieht sich auf die kontinuierliche Ausführbarkeit von Arbeit über die Schicht und die Tage, ohne dass gesundheitliche Schäden auftreten. Die Zumutbarkeit bezieht sich auf Fragen der Ethik und gesellschaftliche Werthaltungen allgemein. Unter Zufriedenheit werden Befinden und individuelle Bewertung der Arbeit verstanden. Tabelle 6 zeigt die vier Bewertungsebenen. Ulich (2001) kritisiert an diesem Modell einerseits, dass das Kriterium Ausführbarkeit als Selbstverständlichkeit zu jeder Arbeitstätigkeit gehöre und folglich vernachlässigbar sei, und andererseits, dass Zufriedenheit als globale Variable aufgrund völlig unterschiedlicher Bedingungen zustande kommen könne und deshalb wenig Möglichkeiten zu einer objektiven Bewertung biete.

> **Kriterien zur Bewertung der Arbeit sind Ausführbarkeit, Erträglichkeit, Zumutbarkeit und Zufriedenheit.**

Tab. 6 Bewertungsebenen für die Beurteilung der Arbeit von Rohmert (1972; Ulich, 2001, S. 136)

Bewertungsebene der Arbeit	Zeithorizont	Problemzuordnung	Wissenschaftlicher Aussagebereich
Ausführbarkeit	kurzfristig	anthropometrisches, psychologisches Problem	Arbeitswissenschaft
Erträglichkeit	langfristig	arbeitsphysiologisches- arbeitsmedizinisches Problem	Arbeitswissenschaft
Zumutbarkeit	langfristig	soziologisches (Wert-) Problem	Gesellschaftswissenschaft
Zufriedenheit	langfristig (?)	psychologisches Problem	Individual- und Sozialpsychologie

Nach Ulich (2001) wurde das differenzierteste System zur Bewertung von Hacker und Richter (1980; Hacker, 1995) vorgestellt (Abbildung 11). Auch dieses System ist, wie jenes von Rohmert (1972), hierarchisch aufgebaut,

d. h., die je vorgeordneten Bewertungsebenen sind Voraussetzung für die nachfolgenden. Hacker und Richter unterscheiden Ausführbarkeit, Schädigungslosigkeit, Beeinträchtigungsfreiheit und Persönlichkeitsförderlichkeit:

1. Ausführbarkeit: Eine Arbeitstätigkeit ist ausführbar, wenn „im bewertenden, normativen Sinne … die forderungsgerechte Aufgabenerfüllung langfristig zuverlässig durch die gewählte arbeitsgestalterische Lösung gewährleistet werden kann." (Hacker, 1995, S. 228). Nicht-Ausführbarkeit liegt vor, wenn eine geforderte Arbeitstätigkeit entweder überhaupt nicht ausführbar ist, nicht dauernd forderungsgerecht ausgeführt werden kann oder unzulässige oder unzumutbare Beeinträchtigungen darstellt.

2. Schädigungslosigkeit: Beurteilt wird, ob eine Arbeitstätigkeit zu physischen und/oder psychischen Störungen führt (z. B. Minderung des Hörvermögens als Folge langdauernder Lärmeinwirkung, Magen- oder Darmerkrankungen als Folge mehrjähriger Arbeit in Wechselschicht und Nachtarbeit, degenerativ-rheumatische Erkrankungen als Folge von Zwangskörperhaltung).

3. Beeinträchtigungsfreiheit bezieht sich auf Fehlbeanspruchung, die zu Über- oder Unterforderung führt und ihren Niederschlag in Befindensbeeinträchtigungen findet (z. B. Hetze, Arbeitsdruck als Folge eines Akkordlohnsystems, depressive Verstimmung aufgrund von Isolation, Verarmung der Rollenstruktur infolge langjähriger Schichtarbeit).

4. Persönlichkeitsförderlichkeit wird gefordert, weil man annimmt, dass Arbeit das „wichtigste Mittel zur Formung der Persönlichkeit" darstellt. Entwicklungspotentiale am Arbeitsplatz betreffen kognitive und soziale Kompetenz, Selbstkonzept, Leistungsmotivation etc. Hacker (1998, S. 792) spricht von folgenden Hauptbedingungen für die Persönlichkeitsentwicklung: (a) Ausreichende Aktivität, (b) Möglichkeiten zur Anwendung und Erhaltung erworbener Leistungsvoraussetzungen und Garantie dafür, dass die Anwendung für den einzelnen und die Gesellschaft sinnvoll ist, (c) Möglichkeiten zur Anwendung und zur lernbedingten Erweiterung der Leistungsvoraussetzungen in ihrer Vielfalt, insbesondere der geistigen Fähigkeiten und Fertigkeiten, (d) Möglichkeit zur selbständigen Zielsetzung und autonomen Entscheidung, (e) Möglichkeit zur schöpferischen Tätigkeit, (f) Kooperationsmöglichkeiten und (g) selbstwertförderliche Anerkennung der Leistungen.

Ulich (2001) spricht auch von Zumutbarkeit der Arbeitstätigkeit als zusätzlichem eigenständigen Kriterium, das sich auf Werte und gesellschaftliche Normen bezieht. Auf der Basis der angeführten Bewertungskriterien kommt er zu einer umfassenden Definition von humaner Arbeit:

Abb. 11 Hierarchisches System zur psychologischen Bewertung von Arbeitsgestaltungsmaßnahmen nach Hacker und Richter (1980; Hacker, 1998, S. 791)

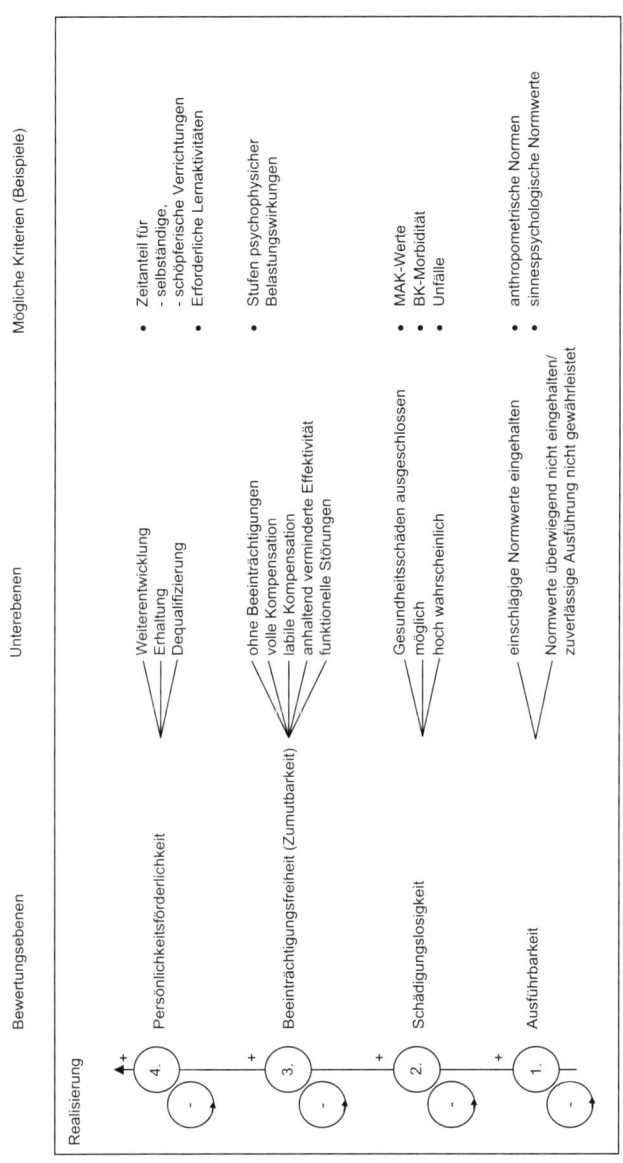

Als human werden Arbeitstätigkeiten bezeichnet, die die psychophysische Gesundheit der Arbeitstätigen nicht schädigen, ihr psychosoziales Wohlbefinden nicht – oder allenfalls vorübergehend

Humane Arbeit ist ausführbare, schädigungslose und beeinträchtigungsfreie Arbeit sowie persönlichkeitsförderliche Arbeit.

– beeinträchtigen, ihren Bedürfnissen und Qualifikationen entsprechen, individuelle und/oder kollektive Einflussnahme auf Arbeitsbedingungen und Arbeitssysteme ermöglichen und zur Entwicklung ihrer Persönlichkeit im Sinne der Entfaltung ihrer Potentiale und Förderung ihrer Kompetenzen beizutragen vermögen. (Ulich, 2001, S.147)

Die Bewertung von Arbeitstätigkeiten kann nicht allein aus psychologischer Perspektive erfolgen: Arbeitswissenschaft, Gesellschaftswissenschaften, Medizin usw. sind genauso gefragt, vor allem wenn die Ausführbarkeit, Erträglichkeit oder Zumutbarkeit beziehungsweise Schädigungslosigkeit und Beeinträchtigungsfreiheit der Arbeit bewertet werden sollen. Aus der Sicht der Psychologie besteht das Bestreben, Arbeitsbedingungen „objektiv" zu erfassen oder subjektive Erfahrungsberichte zu analysieren. Zum anderen besteht die Möglichkeit, Wohlbefinden und Zufriedenheit zu untersuchen oder Unbehagen, Belastung und Stress. Im Folgenden wird das Tätigkeitsbewertungssystem von Hacker und Richter (1980) als Versuch objektiver Analyse und Bewertung von Arbeitstätigkeiten aus dem Bedien-, Montage- und Überwachungsbereich kurz nach Ulich (2001) dargestellt. Ausführlich wird dann auf Arbeitszufriedenheit zum einen und auf Belastung und Stress zum anderen eingegangen.

2.1   Das Tätigkeitsbewertungssystem

Ein differenziertes Verfahren zur „objektiven" Bewertung von Arbeitstätigkeiten stellt das Tätigkeitsbewertungssystem von Hacker und Mitarbeitern dar. Dieses System wurde für die Analyse

Das Tätigkeitsbewertungssystem ist ein objektives Verfahren zur Bewertung von Arbeitstätigkeiten.

und Bewertung von Bedien-, Montage- und Überwachungstätigkeiten entwickelt und später auch für geistige Tätigkeiten adaptiert. Das Verfahren dient der Bewertung von Arbeit. Wobei Aspekte der Arbeitstätigkeit bewertet werden, die Möglichkeiten der Persönlichkeitsentwicklung bieten oder hemmen. Das Verfahren zielt darauf ab, durch die systematische Beobachtung von Tätigkeiten seitens mehrerer Experten und die Aufzeichnung von Einzelmerkmalen festzustellen, welches Förderpotential eine Arbeitstätigkeit hat, wenn die Arbeitskräfte – und das ist eine der Basisannahmen des Verfahrens – die persönlichen Aufgaben verantwortungsvoll annehmen und bestrebt sind, sie forderungsgerecht zu erfüllen und wenn sie weiters die dazu notwendigen Fähigkeiten und Erfahrungen besitzen.

Durch systematische Tätigkeitsbeobachtung und Beobachtungsinterviews werden folgende Merkmale erfasst:

- Organisatorische und technische Bedingungen, welche die Vollständigkeit beziehungsweise Unvollständigkeit von Tätigkeiten determinieren (z. B. Vielfalt der Teiltätigkeiten, Variabilität der Tätigkeit, Möglichkeiten zur psychischen Automatisierung, Durchschaubarkeit des Produktionsprozesses, körperliche Abwechslung etc.);
- Kooperations- und Kommunikationserfordernisse (Umfang erforderlicher kooperativer Arbeiten, Formen der Kooperation, Kommunikation);
- aus dem Arbeitsauftrag resultierende Verantwortung (z. B. Inhalte individueller Verantwortung, Umfang der Verantwortung für Ergebnisse, kollektive Verantwortung für die Leistung);
- erforderliche geistige (kognitive) Leistungen (z. B. sensumotorische, begrifflich-perzeptive und intellektuelle Ausführungsregulation, erforderliche Informationsaufnahme- und -verarbeitungsprozesse);
- Qualifikations- und Lernerfordernisse (z. B. geforderte berufliche Vorbildung; auftragsbedingte Lernprozesse).

Wenn zwei Experten die Arbeitsausführung beobachten und mittels Beobachtungsinterviews ihre Beobachtungen ergänzen, können sie unabhängig voneinander die verschiedenen Arbeitsmerkmale registrieren und bewerten, ob ein Merkmal einen „kritischen" Wert überschreitet. Stimmen die Beobachtungen überein, können sie zu einem Tätigkeitsprofil zusammengefasst werden. Die Bewertung und Veränderung der Arbeitstätigkeit erfolgt dadurch, dass Merkmale, die einen kritischen Wert überschreiten, reklamiert und einer Neugestaltung zugeführt werden.

Das Tätigkeitsbewertungssystem wurde auch für geistige Aufgaben adaptiert, die vorwiegend von Schreibkräften, Datentypisten, Sachbearbeitern, Technologen, Programmierern etc. auszuführen sind. Die schnelle Entwicklung neuer Tätigkeitsfelder mit flexiblen Arbeitszeiten und -plätzen macht entsprechende Entwicklungen von Bewertungsverfahren notwendig. Allen Verfahren gemeinsam ist die Forderung nach entwicklungsförderlichen Arbeitsaufgaben und die Feststellung des Potentials förderlicher Merkmale, wie sie durch einen genügend großen Handlungsspielraum mit Entscheidungsautonomie und Eigenverantwortung, der Möglichkeit zum Einsatz der eigenen Fähigkeiten, Kooperations- und Kontaktmöglichkeiten gegeben sind.

2.2 Arbeitszufriedenheit

Arbeitszufriedenheit ist ein schillerndes Phänomen in der angewandten Psychologie. Büssing, Bissels, Fuchs und Perrar (1999) meinen zwar, dass in den letzten Jahrzehnten die Flut von Studien zur Arbeitszufriedenheit in Relation zu den über 3.000 Untersuchungen, die Locke (1976) bis in die Mitte der 1970er Jahre zählte, abgenommen hat. Die Attraktivität des Themas ist aber weiterhin hoch. Immer noch besteht die Vermutung und zunehmend auch die empirische Evidenz, dass Zufriedenheit positiv mit Leistung und negativ mit Fehlzeiten und Kündigungshäufigkeit korreliert und dass zufriedene Mitarbeiter eine höhere Bindung an den Betrieb entwickeln.

Arbeitszufriedenheit korreliert positiv mit Leistung und negativ mit Fehlzeiten und Kündigungshäufigkeit und führt zu einer höheren Bindung an den Betrieb.

Die Bedeutung der Zufriedenheit ist auch aus der humanistischen Forderung nach Möglichkeiten zur Selbstentfaltung der Person verständlich, vor allem auch aus der Perspektive gesundheitserhaltender und -fördernder Verpflichtungen. „Der Erhalt der Gesundheit und das körperliche, psychische und soziale Wohlbefinden des arbeitstätigen Menschen sind unter dem Gesichtspunkt des Arbeits- und Gesundheitsschutzes, der persönlichkeitsförderlichen Gestaltung des Arbeitslebens, wie auch unter sozialpolitischen und unternehmerischen Gesichtspunkten, ein zentrales Anliegen." (Frieling und Sonntag, 1999, S. 193).

Weinert (1998, S. 201f) führt folgende Gründe für das Studium der Arbeitszufriedenheit an, die sich während der vergangenen Jahrzehnte verändert haben: Arbeitszufriedenheit war und ist laut Weinert ein relevantes Forschungsfeld, weil

- eine direkte Beziehung zwischen Produktivität und Arbeitszufriedenheit vermutet wurde,
- eine negative Beziehung zwischen Arbeitszufriedenheit einerseits und Absentismus und Fluktuation andererseits nachgewiesen werden konnte,
- Arbeitszufriedenheit mit dem Organisationsklima zusammenhängt,
- die Organisationsleitung zunehmend sensibler wird für Bedürfnisse der Mitarbeiter und ihren Einstellungen zu Arbeit, Führung und Gesamtunternehmen,
- Einstellungen zur Organisation mit differenzierter Arbeitsgestaltung und Personalarbeit zunehmend wichtiger werden, weil die Zielvorstellungen verschiedener Mitarbeitergruppen unterschiedlich sind und gleiche Arbeitssituationen unterschiedlich erlebt werden,

- das Arbeitsleben und -erfahrungen zunehmend mehr als wichtiger Teil der Lebensqualität gesehen und hinsichtlich ihres Einflusses auf andere Lebensbereiche höher gewichtet werden und
- weil Arbeitszufriedenheit über längere Zeit stabil bleibt.

Obwohl im Alltag kein Zweifel darüber besteht, was Arbeitszufriedenheit ist, haben die wissenschaftlichen Definitionsversuche bald gezeigt, dass die Abgrenzung des Begriffes von anderen Konzepten, wie Wohlbehagen, Erfüllung und Glück, strittig ist und die theoretischen Fundamente ziemlich unterschiedlich sind. Umstritten ist auch, woraus Zufriedenheit resultiert. Ist Zufriedenheit eine positive Einstellung der Arbeitstätigen zur Arbeit? Ist Zufriedenheit das Ergebnis von kognitiven Vergleichsprozessen zwischen Erwartungen und aktuellen Möglichkeiten der Bedürfnisbefriedigung? Oder ist Zufriedenheit die Aggregation von angenehmen und unangenehmen Erfahrungen mit der Arbeit, den Mitarbeitern und Vorgesetzten und den Arbeitsbedingungen?

2.2.1 Definition von Arbeitszufriedenheit

Für Robbins (2001, S. 151) ist klar: Arbeitszufriedenheit ist die generelle Einstellung einer Person zu ihrer Arbeit. „Job satisfaction (is) an individual's general attitude towards his or her job." Zwar gesteht Robbins ein, dass der Job einer Person mehr ist, als auf Kunden warten oder ein Lastauto fahren. Jobs verlangen die Interaktion mit Mitarbeitern und Chefs, die Anpassung an die Regeln der Organisation, die Erreichung von vorgegebenen Produktivitätsstandards, die Akzeptanz von Arbeitsbedingungen, die oft nicht ideal sind, und vieles mehr. Und das heißt, dass die Zufriedenheit oder Unzufriedenheit eines Mitarbeiters

> **Arbeitszufriedenheit ist die generelle Einstellung zur Arbeit und vor allem die allgemeine Bewertung der Arbeit.**

eine komplexe Summation von Zufriedenheiten mit einzelnen Arbeitsaspekten ist. Zusätzlich ist festzuhalten, dass Arbeitszufriedenheit eine subjektive Erfahrung bleibt und nicht objektiv gegeben ist.

Nun könnte Arbeitszufriedenheit als einfache, globale Bewertung der Arbeitserfahrungen erfasst werden. Beispielsweise könnte gefragt werden, wie zufrieden jemand alles in allem mit seiner Arbeit ist. Arbeitszufriedenheit könnte auch als Summenscore der Bewertungen einzelner Arbeitsaspekte errechnet werden. Wenngleich die letztgenannte Messvariante komplexer ist, meint Robbins nicht, dass sie der einfachen Frage nach der allgemeinen Arbeitszufriedenheit überlegen ist. Arbeitszufriedenheit ist die Einstellung, vor allem die Bewertung der Arbeit allgemein.

Auch Weinert (1998) geht von einem Einstellungskonzept aus und betont die drei bekannten Einstellungsfacetten, den emotionalen, kognitiven und konativen Einstellungsaspekt. Er unterscheidet drei Dimensionen der Arbeitszufriedenheit:

- Arbeitszufriedenheit als emotionale Reaktion auf die Arbeitssituation;
- Arbeitszufriedenheit als Übereinstimmung zwischen Arbeitsergebnis und Erwartungen und
- Arbeitszufriedenheit als Verdichtung mehrerer miteinander in Beziehung stehender Einstellungen.

Zur Erklärung der Arbeitszufriedenheit zitiert Weinert (1998, S. 203) die Bedürfnis-, Instrumentalitäts- und Balance-Theorien. Im Lichte der Bedürfnistheorien ist Arbeitszufriedenheit das Resultat eines „Lösungs- und Entspannungsmechanismus, der den Übergang von einer Bedürfnisebene zur anderen begleitet".

Arbeitszufriedenheit wird auch als Übereinstimmung zwischen Erwartungen und tatsächlichen Belohnungen oder als Absenz von Soll-Ist-Divergenzen definiert.

Die Frustration von Bedürfnissen verursacht Spannung und damit Unzufriedenheit, während die Befriedigung Entspannung und Zufriedenheit bedeutet. Nach den Instrumentalitätstheorien resultiert Arbeitszufriedenheit aus den antizipierten positiven Gefühlen, die durch die Belohnungen aufgrund der Arbeit eintreten werden. Arbeitszufriedenheit wird auch als Übereinstimmung zwischen Erwartungen und tatsächlichen Belohnungen oder als Absenz von Soll-Ist-Divergenzen definiert. Die Balance-Theorien konzipieren Arbeitszufriedenheit als Ergebnis der Übereinstimmung zwischen erwarteten und tatsächlichen Ergebnissen.

Auch die sozialen Austauschtheorien können zur Erklärung von Zufriedenheit herangezogen werden. Austausch- und Equitytheorien verweisen vor allem auf den Vergleich zwischen den Kosten, die mit der Arbeit verbunden sind, und dem Nutzen durch die Arbeit sowie auf den Entgang des Nutzens alternativer Arbeitsplätze. Diesen Überlegungen liegt, wie den Instrumentalitätstheorien, ein kognitives Konzept zugrunde: Erwartungen, Pläne, Hoffnungen, Vorstellungen und notwendige Anstrengungen werden mit den gebotenen Bedingungen verglichen und führen zu Zufriedenheit, wenn entweder die Kosten- und Ertragsquantitäten in Balance sind oder ein Nutzenüberhang entsteht.

Auch die Konditionierungstheorien, vor allem die Theorie der klassischen Konditionierung, können Zufriedenheit erklären. Lerntheoretischen Erklärungen zufolge ist Arbeitszufriedenheit das Ergebnis von Konditionierungsprozessen. Die wesentlichste Voraussetzung für Zufriedenheit ist die Assoziation zwischen angenehmen Stimmungen während der Arbeit und dem Arbeitsplatz. Arbeit und Arbeitsplatz mit allen dazu gehörenden Personen, Objekten etc. repräsentieren anfänglich neutrale Reize, die mit der Zeit positiv erlebt werden, wenn positive Gefühle aufkommen und negative unterbleiben, so dass schließlich die Arbeit beziehungsweise der Arbeitsplatz selbst Belohnungswert erlangt. Beispielsweise wird die Arbeit selbst positiv bewertet, wenn während der Arbeitsausführung wiederholt positive Stimmungen auftreten und mit der Arbeit assoziiert werden; werden positive Stimmungen wiederholt dann **Lerntheoretischen Erklärungen zufolge ist Arbeitszufriedenheit das Ergebnis von Konditionierungsprozessen.** erlebt, wenn ein Vorgesetzter anwesend ist, wird schließlich auch der Vorgesetzte positiv erlebt. Aus den Lerntheorien lässt sich ableiten, dass positive Erfahrungen mit der Arbeit positiv mit Zufriedenheit korrelieren; negative Erfahrungen korrelieren negativ mit Zufriedenheit. Je höher der Belohnungs- beziehungsweise der Bestrafungswert der Arbeit, um so größer die erlebte Zufriedenheit beziehungsweise Unzufriedenheit. Arbeitszufriedenheit kann als Summe aller Momente der Bedürfnisbefriedigung am Arbeitsplatz bezogen auf alle Momente der Bedürfnisfrustration definiert werden.

Während Konditionierungsmodelle Zufriedenheit als Resultat eines Prozesses erklären können, der den Personen nicht unmittelbar bewusst sein muss, ist Zufriedenheit nach der Austausch- und Equitytheorie, aber auch nach den Aussagen der Instrumentalitätstheorien das Resultat einer kühlen Berechnung oder Antizipation von Kosten und Nutzen. Auch in Balancemodellen wird Zufriedenheit als Resultat eines kognitiven Prozesses gesehen. Entsprechend den angeführten Konzepten ist eine Arbeit dann zufriedenstellend, wenn sie den Rollenvorstellungen und Erwartungen einer Person entspricht.

Die Aussagen der Lern-, Austausch-, Equity- und Balancetheorien etc. sind nur scheinbar unterschiedlich. Alle Aussagen lassen sich denen der Lerntheorien unterordnen: Zufriedenheit ist hoch, wenn Erfahrungen gemacht wurden, die nicht unangenehm, sondern angenehm waren. Je höher die Belohnungsintensität der Erfahrungen, um so höher die Zufriedenheit. Eine detaillierte Diskussion über Theorien zur Erklärung der Beziehungszufriedenheit und die Integration in die Lerntheorien findet sich bei Kirchler, Rodler, Hölzl und Meier (2000). Die Aussagen über Beziehungszufriedenheit können auch auf die Arbeitszufriedenheit übertragen werden.

2.2.2   Modelle der Arbeitszufriedenheit

Wenn Arbeitszufriedenheit das Ergebnis der persönlichen Erfahrungen am Arbeitsplatz und die subjektive Bewertung der verschiedenen Arbeitsaspekte ist, dann stellt sich die Frage, wie Arbeitszufriedenheit zustande kommt, welche Faktoren Arbeitszufriedenheit bestimmen und welche Auswirkungen die Arbeitszufriedenheit hat.

Nach Weinert (1998) geht die Beschäftigung mit Arbeitszufriedenheit bis an den Beginn der Arbeits- und Organisationspsychologie zurück. Bereits Taylor nahm an, dass die Einstellungen der Mitarbeiter zum Betrieb deren Produktivität beeinflussen. Zwar wurde davon ausgegangen, dass Arbeitskräfte vorrangig durch finanzielle Anreize motivierbar sind, die Kooperation mit der Betriebsleitung erschien aber von Einstellungen und von physischen Faktoren, wie Ermüdungserscheinungen, abhängig. In den ersten Jahrzehnten des 20. Jahrhunderts wurden seitens der angewandten Psychologie vorwiegend Ermüdungszyklen und Pausengestaltung, der Einfluss von Beleuchtung, Lärm, Vielfalt der Arbeitshandgriffe, Entlohnungssysteme usw. studiert und deren Optimierung als wesentliche Leistungsvoraussetzung angesehen. Mit den Hawthorne-Studien schwenkte die Aufmerksamkeit aber auch auf soziale Beziehungen, auf die Kommunikation im Betrieb und Mitarbeiterführung. Einstellungen zur Arbeitssituation wurden als Basis des Arbeitsverhaltens angesehen. Konsequente Folge dieser Einsicht waren die ersten Studien über Arbeitszufriedenheit, die in den 1930er Jahren methodologisch zwar mangelhaft waren, aber doch zur theoretischen Auseinandersetzung mit Determinanten der Arbeitszufriedenheit zwangen. Ursachen wurden external, in der Arbeitsumgebung, und bald auch internal, in der Übereinstimmung zwischen subjektiven Bedürfnissen und erlebter Bedürfnisbefriedigung gesehen.

Besonders detaillierte und einflussreiche Beiträge zur Arbeitszufriedenheit lieferten Herzberg, Mausner und Snyderman (1959) mit der Zweifaktoren-Theorie und später Lawler (1973) mit dem Modell der Determinanten der Arbeitszufriedenheit. Im deutschsprachigen Raum wurde von Bruggemann, Groskurth und Ulich (1975) ein besonders vielversprechendes Modell vorgeschlagen.

Die Zweifaktoren-Theorie unterscheidet zwischen Hygienefaktoren und Motivatoren.

Herzberg et al. (1959) stellten in ihrer Arbeit „The Motivation to Work" ein Konzept vor, das häufig kritisiert wurde und zweifellos nicht uneingeschränkt gültig ist. Allerdings gibt die Arbeit den Kern der Humanisierungsdebatte wieder. So wie Maslow gehen auch Herzberg et al. von zwei unterschiedlichen Motivklassen der Grunddichotomie „Defizit – Expansion" aus. Defizitmotive sind nach Beseitigung des jeweiligen Mangels (etwa an Nahrung) befriedigt und nicht weiter handlungsbestimmend, Expansionsmotive können jedoch auch bei Erfüllung der entsprechenden Bedürfnisse weiter bestehen. Entsprechend werden Zufriedenheit und Unzufriedenheit als zwei voneinander unabhängige Dimensionen gesehen. Nach Herzberg et al. sind Arbeitszufriedenheit und Arbeitsunzufriedenheit unterschiedliche, voneinander getrennte Erfahrungen im Arbeitsleben. Weinert (1998, S. 208) fasst die Postulate der Zweifaktoren-Theorie folgendermaßen zusammen:

- Arbeitstätige haben zwei unterschiedliche Kategorien von Bedürfnissen: Defizit- und Expansionsbedürfnisse. Zum einen werden sogenannte Hygiene-Bedürfnisse angeführt, die sich auf die physische und psychologische Umwelt der Arbeit beziehen, wie Mitarbeiter, Vorgesetzte, Arbeitsbedingungen usw. Zum anderen werden Motivations-Bedürfnisse beschrieben, die sich auf die Natur und Art, den Inhalt der Arbeit selbst beziehen. Verantwortung, Stimulation des Interesses durch die Arbeit selbst, Gefordertsein durch die Arbeitsziele sind einige der Bedürfnisausprägungen.
- Wenn Hygiene-Bedürfnisse befriedigt werden, sind Arbeitstätige nicht unzufrieden, allerdings sind sie auch nicht zufrieden, sondern in einem neutralen Gefühlszustand. Unbefriedigte Hygiene-Bedürfnisse bedingen Unzufriedenheit.
- Wenn Motivations-Bedürfnisse befriedigt werden, sind Arbeitstätige zufrieden. Nicht-Befriedigung führt nicht zu Unzufriedenheit, sondern zu einem neutralen Gefühlszustand.

Defizitmotivation findet Befriedigung durch Vermeidung von Deprivation, d. h. von umweltbedingter Frustration. Befriedigung im Betrieb erfolgt vor allem durch die sogenannten Hygiene-Faktoren, die in der Arbeitsumgebung lokalisiert sind. Hygienefaktoren oder Kontextfaktoren verhindern Unzufriedenheit, führen aber nicht zu Zufriedenheit.

Expansionsmotivation ist durch das Streben nach Wachstum durch Aufgabenbewältigung gekennzeichnet. Befriedigung in der Organisation erfolgt durch Motivatoren, das sind Faktoren, die im Arbeitsinhalt lokalisiert sind. Motivatoren oder Kontentfaktoren betreffen die intrinsische Arbeitsmotivation und führen zu Zufriedenheit. In Tabelle 7 sind einige Beispiele für Hygienefaktoren und Motivatoren angeführt.

Wie bereits angemerkt, wurde die Zweifaktoren-Theorie heftig kritisiert. Vor allem Methodenmängel wurden für das Ergebnis zweier unabhängiger Zufriedenheitsfaktoren verantwortlich gemacht. Die Autoren wandten die Methode der kritischen Ereignisse von Flanagan (1954) an. Dabei werden die Teilnehmer angewiesen, besonders zufriedenstellende und besonders un-

Tab. 7 Beispiele für Hygienefaktoren und Motivatoren

Hygienefaktoren	Motivatoren
Führungsstil	Leistung und Tätigkeit an sich
Unternehmenspolitik und -verwaltung	Anerkennung der eigenen Leistung
Arbeitsbedingungen	Verantwortung
Beziehungen zu Mitarbeitern und Vorgesetzten	Aufstieg und Weiterentwicklung
Status	Möglichkeiten zum persönlichen Wachstum
Arbeitssicherheit, Krisensicherheit	
Gehalt und Sozialleistungen	
Persönliche berufsbezogene Lebensbedingungen	

günstige Situationen zu erinnern und zu beschreiben. Nicht typische, sondern kritische Ereignisse aus dem Arbeitsleben werden erfasst. Aus verschiedenen Gründen, vor allem aber aus selbstwertdienlichen Tendenzen, führen Befragte externe Gründe für ihre Unzufriedenheit an und personeninterne Gründe für zufriedenstellende Erfahrungen. Es ist also nicht weiter verwunderlich, wenn die Methode der kritischen Ereignisse zwei voneinander unabhängige Zufriedenheitsfaktoren ergibt und nahe legt, dass Quellen der Unzufriedenheit völlig unterschiedlich von jenen der Zufriedenheit sind.

Trotz der Kritik sei angemerkt, dass es das große Verdienst von Herzberg et al. (1959) ist, die Aufmerksamkeit der Forschung auf den Inhalt der Arbeitstätigkeit gerichtet und die Reichhaltigkeit der Arbeitgestaltung als Voraussetzung für Zufriedenheit und Selbstentfaltung betont zu haben. Nach von Rosenstiel (1992) lassen sich aus der Zweifaktoren-Theorie wesentliche Folgerungen für die Arbeitsgestaltung ableiten:

- Motivatoren sind genauso wichtig wie Hygienefaktoren. Bis zu den Veröffentlichungen der Arbeiten von Herzberg et al. konzentrierten sich die Humanisierungsbestrebungen vorwiegend auf die Hygienefaktoren.
- Klare Ziele der Aufgabe sollten vorgegeben sein und Rückmeldung über den Grad der Zielerreichung sollte rasch erfolgen.
- Nicht nur der Grad der Zielerreichung soll rückgemeldet, sondern die Leistung auch bewertet werden.
- Arbeitsinhalte sind so zu strukturieren, dass Mitarbeiter das Gefühl gewinnen, weder über- noch unterfordert zu sein und das tun zu können, was ihre Fähigkeiten erlauben.
- Verantwortung und Rechte der Mitarbeiter sollen dem Umfang der Arbeit entsprechen.
- Aufstiegsmöglichkeiten sollten gegeben und transparent sein.

- Schließlich muss die Möglichkeit zum persönlichen Wachstum durch Ausdehnung des Handlungsspielraums gegeben sein.

Lawler (1973) geht in seinem Modell von Erwartungen und der tatsächlichen Erfüllung dieser Erwartungen aus. Arbeitszufriedenheit und -unzufriedenheit ergeben sich aus dem Vergleich zwischen der subjektiv für angemessen empfundenen Belohnung und der tatsächlichen Belohnung für die Arbeitsleistung. Wenn die Diskrepanz zwischen Erwartungen und Ist-Zustand ver-

Arbeitszufriedenheit und -unzufriedenheit ergeben sich aus dem Vergleich zwischen der subjektiv für angemessen empfundenen Belohnung und der tatsächlichen Belohnung für die Arbeitsleistung.

nachlässigbar gering ist, wird Zufriedenheit erlebt. Übertreffen die Erwartungen die tatsächlich wahrgenommenen Belohnungen, resultiert Unzufriedenheit. Fraglich ist, ob höhere als erwartete Belohnungen einen Spannungszustand auslösen, der zu Unzufriedenheit führt. Wahrscheinlich lösen gravierende Divergenzen Schuldgefühle und, wie in den Gerechtigkeitstheorien angenommen, Tendenzen zur Verringerung der Diskrepanz aus.

Nach Lawlers Theorie ergeben sich die für angemessen empfundenen Belohnungen aus den subjektiv erlebten persönlichen Investitionen in die Arbeit (z. B. Fähigkeiten und Fertigkeiten, Erfahrungen, Training und Anstrengung, Arbeitsleistungen), den Investitionen, die Vergleichspersonen tätigen und den wahrgenommenen Arbeitscharakteristika (z. B. Schwierigkeit der Arbeit, Verantwortung). Die wahrgenommene Belohnungsmenge resultiert aus den tatsächlich erhaltenen Belohnungen und den Belohnungen, die Vergleichspersonen erhalten. Der Vergleich zwischen erwarteter beziehungsweise für angemessen erachteter und tatsächlicher Belohnung führt zu Übereinstimmung und damit zu Arbeitszufriedenheit, zu Diskrepanz und zu Unzufriedenheit oder zu Unbehagen und Schuldgefühlen. Das Modell von Lawler (1973) ist in Abbildung 12 dargestellt.

Nach Herzberg et al. (1959) sind Zufriedenheit und Unzufriedenheit voneinander unabhängige Faktoren. Lawler (1973) sieht Zufriedenheit als Gegenpol zu Unzufriedenheit auf derselben Dimension. In beiden Theorien wird von einer allgemeinen, globalen Arbeitszufriedenheit gesprochen. Agnes Bruggemann entwickelte ein Modell, das zwischen verschiedenen Zufriedenheiten differenziert (Bruggemann, Groskurth und Ulich, 1975).

Tatsächlich ist die Annahme naiv, Zufriedenheit sei eine globale Größe, die oft durch einfache Frage gemessen werde, wie es denn bei der Arbeit gehe oder ob die eigenen Erwartungen denn erfüllt werden. Wenn Zufriedenheit aus Vergleichsprozessen resultiert (was ohnehin die umstrittene Annahme komplexer kognitiver Verrechnungsprozesse voraussetzt), dann ist zumin-

Abb. 12   Modell der Determinanten der Arbeitszufriedenheit nach Lawler (1973; nach Weinert, 1998, S. 211)

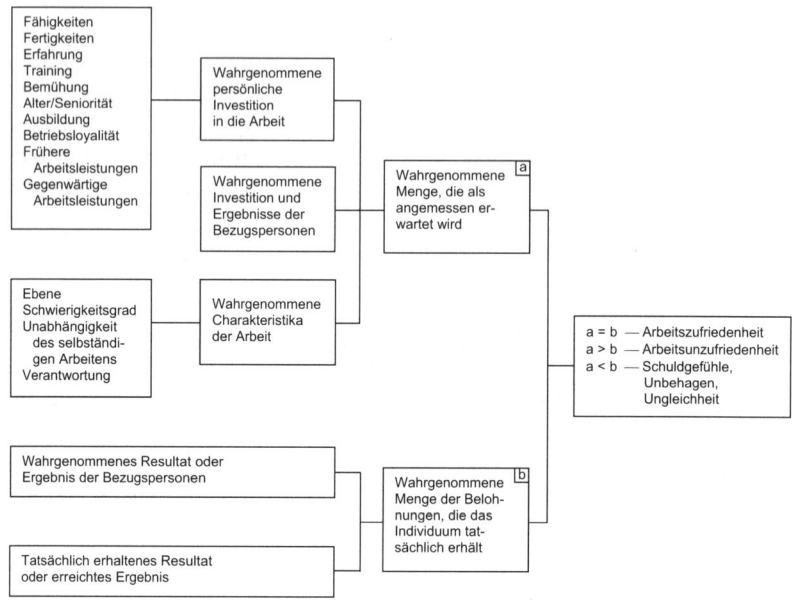

dest fraglich, ob die Vergleichsstandards – Erwartungen an die Arbeit – stabil sind. Ist nicht vielmehr anzunehmen, dass die tatsächlichen Erfahrungen auf die Erwartungen wirken und zu einer Anpassung und Korrektur nach unten oder bei Erreichen der Erwartungen zu einer Erhöhung der Ansprüche führen können? Erfahrungen und Erwartungen könnten sich wechselseitig beeinflussen und in einem dynamischen Verhältnis zueinander stehen.

Bruggemann et al. (1975) postulieren verschiedene Formen der Arbeitszufriedenheit als Ergebnis einer Motivationsdynamik. Der Vergleich zwischen gegebenen Belohnungen oder einem Ist-Zustand mit den erwarteten Belohnungen oder Soll-Zustand kann einerseits geringe Divergenzen ergeben und zu einer stabilisierten Zufriedenheit führen, wenn das Anspruchsniveau einer Person stabil bleibt. Steigen die Ansprüche, resultiert progressive Zufriedenheit. Ist-Soll-Divergenzen führen zu einer diffusen Unzufriedenheit, die eine Senkung des An-

Das Modell von Bruggemann et al. unterscheidet zwischen verschiedenen Formen von Arbeitszufriedenheit.

Abb. 13 Modell der Arbeitszufriedenheit nach Bruggemann et al. (1975)

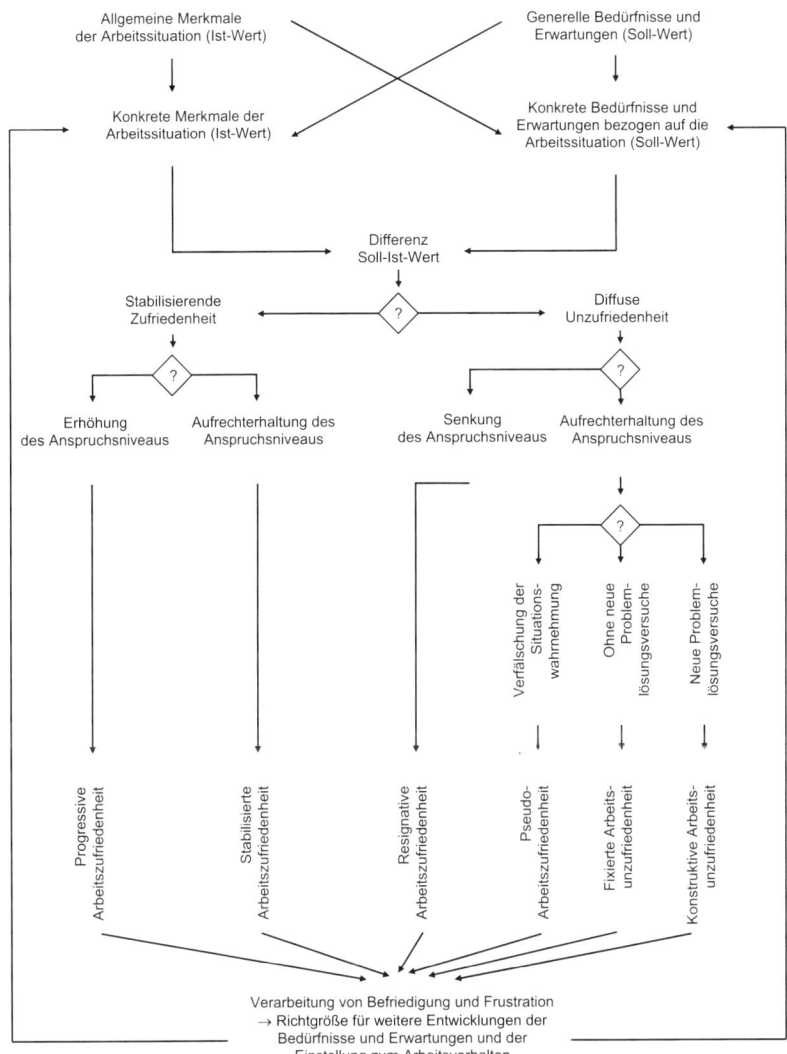

spruchsniveaus auslösen kann und damit zu resignativer Arbeitszufriedenheit führt. Wird das Anspruchsniveau beibehalten, könnte ein Arbeitnehmer seine Wahrnehmung „korrigieren" und die tatsächlich erhaltenen Belohnungen aufwerten. Das Ergebnis wäre trotz Diskrepanz zwischen Ist- und Soll-Zustand Arbeitszufriedenheit, allerdings Pseudozufriedenheit. Unzufriedenheit resultiert bei Ist-Soll-Diskrepanz nur dann, wenn das Anspruchsniveau konstant bleibt, keine Wahrnehmungsverzerrungen geschehen und entweder keine Problemlösungsversuche unternommen werden (fixierte Arbeitsunzufriedenheit) oder ein Mitarbeiter nach konstruktiver Verbesserung sucht (konstruktive Arbeitsunzufriedenheit).

Das Modell von Bruggemann et al. mag komplexe kognitive Prozesse seitens der Arbeitnehmer, die ihre Arbeitszufriedenheit kundtun sollten, voraussetzen, und es ist fraglich, ob tatsächlich Vergleichsprozesse stattfinden. Der wesentliche Fortschritt ist aber, dass zwischen verschiedenen Formen von Zufriedenheit unterschieden wird und ein relevanter Beitrag zur Klärung der befremdenden Ergebnisse, wonach sich unabhängig von Betrieb und Arbeit der Großteil der Befragten als zufrieden beschreibt, geleistet wird. Wenn nicht selten in empirischen Untersuchungen belegt wird, dass bis zu vier Fünftel der Befragten mit ihrer Arbeit zumindest ziemlich zufrieden sind (Six und Kleinbeck, 1989), dann stellt sich die Frage, ob Verbesserungen der Arbeitsbedingungen notwendig sind. Wenn allerdings bedacht wird, dass unter den zufriedenen Arbeitskräften ein Teil resignativ zufrieden und ein weiterer Teil pseudo-zufrieden ist und diese Personen häufig körperliche und psychosomatische Beschwerden berichten, dann relativieren sich die anfänglich rosigen Befunde.

Das Zufriedenheitsmodell von Bruggemann et al. wurde von Büssing et al. (1999) empirisch untersucht und großteils bestätigt. Büssing et al. (1999, S. 1005) stellen auch eine Erweiterung des ursprünglichen Modells vor, in der die subjektive Überzeugung, die Arbeitssituation kontrollieren zu können, miteinbezogen wird. In Tabelle 8 ist das erweiterte Modell dargestellt.

So interessant und vielversprechend das Modell von Bruggemann et al. (1975) auch ist, bleibt es doch fraglich, ob Personen die postulierten Vergleichsprozesse tatsächlich durchführen können und wollen. Wie im Modell von Lawler (1973) wird auch hier von Nutzenüberlegungen ausgegangen, die auf kühlen Berechnungen basieren. Wenn man annimmt, dass Konditionierungsprozesse stattfinden und Zufriedenheit das Aggregat von positiv und negativ erlebten Situationen ist, dann ist zu überlegen, ob Personen in der Lage sind, ihre Erfahrungen in adäquater Weise zu einem Gesamtindex zu verdichten. Wenn dies der Fall ist, kann nach der globalen Zufriedenheit oder nach der Zufriedenheit mit verschiedenen Arbeitsaspekten direkt gefragt werden. Wenn allerdings methodologische Bedenken bestehen, dann ist es wahrscheinlich zielführend, von Arbeitskräften ihre momentanen Situationsbewertungen registrieren zu lassen und aus genügend vielen Be-

Tab. 8 Erweitertes Zufriedenheitsmodell von Bruggemann et al. (1975, nach Büssing et al., 1999, S. 1005)

Vergleich zwischen aktueller Arbeitssituation und persönlichen Erwartungen	Allgemeine Zufrieden- oder Unzufriedenheit	Erwartungsniveau	Kontrolle über die Arbeitssituation	Formen der Zufriedenheit und Unzufriedenheit
Kongruenz oder positiver Ertrag	stabilisierende Zufriedenheit	steigt an	hoch	progressive Zufriedenheit (eine Person ist zufrieden, erhöht ihre Ansprüche und kann eine Art "kreative Unzufriedenheit" entwickeln)
Kongruenz oder positiver Ertrag	stabilisierende Zufriedenheit	unverändert	hoch	stabilisierte Zufriedenheit (eine Person ist zufrieden und bestrebt, ihre Zufriedenheit zu erhalten; aufgrund geringer Arbeitsanreize bleibt das Anspruchsniveau unverändert)
Inkongruenz, negativer Ertrag	diffuse Unzufriedenheit	sinkt ab	gering	resignative Zufriedenheit (eine Person ist unzufrieden, senkt ihre Ansprüche und kann dadurch Zufriedenheit erreichen)
Inkongruenz, negativer Ertrag	manifeste Unzufriedenheit	sinkt ab	gering	resignative Unzufriedenheit (eine Person ist unzufrieden, senkt ihre Ansprüche und bleibt unzufrieden, weil "nichts zu machen ist")
Inkongruenz, negativer Ertrag	diffuse Unzufriedenheit	unverändert	gering	fixierte Unzufriedenheit (eine Person ist unzufrieden, versucht nicht, ihre Lage zu verändern und Probleme zu lösen und bleibt frustriert, so dass auch pathologische Entwicklungen möglich sind)
Inkongruenz, negativer Ertrag	diffuse Unzufriedenheit	unverändert	hoch	konstruktive Unzufriedenheit (eine Person ist unzufrieden, versucht aber, ihre Lage zu verändern und Probleme zu lösen. Aktivität und Zielorientierung führen oft zu einer Verbesserung der Lage)

wertungen einen Gesamtindex zu berechnen. Entsprechend der klassischen Konditionierung ist anzunehmen, dass eine Person eine bestimmte Situation als angenehm oder unangenehm erlebt und die aktuellen Gefühle auf die anwesenden Personen, die Tätigkeit selbst und den Ort überträgt. Bei genügend häufiger Assoziation zwischen Gefühlslage und Situationsaspekten erlangen schließlich die verschiedenen Personen, Tätigkeiten und Orte Verstärkungscharakter und werden als angenehm oder unangenehm erlebt und bewertet.

Mittels strukturierten Tagebüchern können Personen im Betrieb ihre aktuelle Befindenslage zu verschiedenen Zeitpunkten registrieren und die jeweilige Situation beschreiben, so dass schließlich von den Mitarbeitern zahlreiche Aufzeichnungen vorliegen, die erlauben, das Durchschnittsbefinden in den verschiedenen Situationen zu berechnen, die Häufigkeit der jeweiligen Situationen zu bestimmen und die Verweildauer zu schätzen. Damit wird es ohne Erinnerungsfehler und subjektive Korrekturen möglich, Behagen und Unbehagen zu bestimmen und festzustellen, wie oft eine unbehagliche und schließlich unzufrieden stimmende Situation auftritt. Seltene unangenehme Situationen bedürfen dann wahrscheinlich keiner Gestaltungseingriffe, während häufig auftretende, negativ stimmende Situationen ein Redesign notwendig machen. Zu methodologischen Problemen der Zufriedenheitsmessung und den Vorteilen der Tagebuchmethoden folgen unten weitere Ausführungen.

2.2.3   Korrelate der Arbeitszufriedenheit

Die Motive für das Interesse an der Arbeitszufriedenheit sind vielfältig: Dass mit dem Bestreben nach humanen Arbeitsplätzen Wohlbefinden und Zufriedenheit einen zentralen Stellenwert einnehmen, liegt auf der Hand. Aber auch seitens der Unternehmensleitung, die vorrangig am wirtschaftlichen Ertrag orientiert handeln mag, besteht Interesse, die Arbeitszufriedenheit zu verbessern oder zu erhalten, in der Annahme, dass zufriedene Arbeitskräfte höhere Leistungen erbringen und sich mit dem Unternehmen identifizieren. Die Hoffnung auf einfache Zusammenhänge zwischen Zufriedenheit und Arbeitsverhalten hat sich allerdings bald zerschlagen.

Weinert (1998) betont, dass die Studien über Beziehungen zwischen Arbeitszufriedenheit und Arbeitsverhalten immer wieder die Bedeutung von Moderatorvariablen bestätigt haben. Demographische, biographische und Persönlichkeitsvariablen, Fähigkeiten und Interessen, Organisationscharakteristika und Arbeitsmerkmale beeinflussen den Zusammenhang zwischen Zufriedenheit und Arbeitsleistung nachhaltig. Beispielsweise wurde recht früh bestätigt, dass unterschiedliche Berufsgruppen unterschiedlich hohe Arbeitszufriedenheit berichten. Berufe mit Arbeitstätigkeiten, die hohe Ausprägungen der Kontentfaktoren im Sinne von Herzberg aufweisen, sind zufriedenstellender als Berufe, deren Arbeit durch Hygienefaktoren charakterisierbar ist. Je nach gesellschaftlichen Rollenstereotypen und -erfordernissen

Die Studien über Beziehungen zwischen Arbeitszufriedenheit und Arbeitsverhalten bestätigten immer wieder die Bedeutung von Moderatorvariablen.

sind Frauen und Männer in verschiedenen Berufen und an verschiedenen Arbeitsplätzen unterschiedlich glücklich. Wenn für Männer der Broterwerb wichtiger ist als für Frauen und eine steile Berufskarriere zum Selbstbild gehört, dann müssten sich Männer auf Arbeitsplätzen, die Autonomie und Verantwortung bieten, wohler fühlen als Frauen.

Außer den Moderatorvariablen wurden Determinanten von Arbeitszufriedenheit untersucht. Beispielsweise werden häufig die Arbeit selbst, Beförderungsmöglichkeiten, Gehalt und Entlohnungssysteme, Anerkennung, allgemeine Arbeitsbedingungen und Arbeitszeitregelungen, Mitarbeiter und Vorgesetzte, Organisationskultur und andere Faktoren angeführt. Im Arbeitsbeschreibungsbogen von Neuberger und Allerbeck (1978) werden Faktoren aufgezählt, die, individuell unterschiedlich gewichtet, zur Gesamtzufriedenheit beitragen: Kollegen, Vorgesetzte, Tätigkeit, äußere Arbeitsbedingungen, Organisation und Leitung, berufliche Weiterbildungsmöglichkeiten, Bezahlung und Arbeitszeit. Alle Faktoren sollen Arbeitätige zufrieden stellen, um eine hohe Gesamtzufriedenheit zu garantieren.

Im Allgemeinen ist die Berufsarbeit für viele Arbeitätige bedeutsam und Quelle von Sinn und persönlichem Wert in der Gesellschaft. Die Mehrzahl der Mitarbeiter sucht am Arbeitsplatz Verantwortung, Selbstbestimmung, Kontrolle und Autonomie, so dass Möglichkeiten zur Anwendung und Entwicklung der Talente und Fähigkeiten gegeben sind. Die Aneignung von neuen Fähigkeiten wird vielfach hoch geschätzt, und abwechslungsreiche, kreative und oft auch schwierige Aufgaben werden einfachen Routinetätigkeiten vorgezogen. Die Erfahrung, etwas Sinnvolles für die Organisation und für die Gesellschaft zu leisten, ist vielen Menschen am Arbeitsplatz wichtig. Trotz der Tatsache, dass die Bedeutung der Arbeit interindividuell variiert und die Arbeitszufriedenheit relativ zu vergangenen Erfahrungen und kontextbezogen unterschiedlich ist, sei betont, dass im Durchschnitt eine herausfordernde, geistig anspruchsvolle und auf die Person abgestimmte Arbeit den größten Beitrag zur generellen Arbeitszufriedenheit leistet. Robbins (2001) zählt weiters eine gerecht empfundene Entlohnung, unterstützende Arbeitsbedingungen und Arbeitskollegen, das klassische Person-Environment-Fit und Persönlichkeitsdispositionen als wesentliche Determinanten auf. Interessant mag sein, dass Zufriedenheit über die Jahre relativ stabil bleibt. Trotz wechselnder Lebens- und Arbeitsbedingungen berichten Personen konstante Zufriedenheitswerte. Robbins (2001, S. 153) führt an, Zufriedenheit sei zu etwa 30 Prozent genetisch bedingt. Auf der Basis zahlreicher wissenschaftlicher Erkenntnisse schreibt Weinert (1998, S. 215f), im allgemeinen könne gesagt werden, dass für eine hohe Arbeitszufriedenheit eine Arbeitssituation gegeben sein muss, „die

1. geistig fordernd ist,
2. den physischen und geistigen Bedürfnissen des Mitarbeiters entspricht,
3. das Gefühl des Erfolgs vermittelt,
4. Möglichkeiten zur Anwendung und Erweiterung von Interessen und Fähigkeiten bietet,
5. in der die Mitarbeiter das Gefühl der Achtung und Selbstwertschätzung durch Leistung erfahren,
6. in der ein vom Mitarbeiter als angemessen beurteiltes Entlohnungssystem vorhanden und dieses an die individuelle Leistung gekoppelt ist und
7. ein Führungsstil herrscht, der Selbstverantwortung und Eigeninitiative fördert und der Eigenentwicklung des Mitarbeiters dienlich ist."

Als besonders wichtige Determinanten der Arbeitszufriedenheit führt Weinert (1998) die Entlohnung an. Aber auch verbale Anerkennung ist wichtig, weil Kollegen und Vorgesetzte ihre Wertschätzung ausdrücken und damit den Selbstwert und das Selbstvertrauen fördern. Besonders wichtig ist auch die soziale Integration und Qualität der Interaktion mit Arbeitskollegen und der Führungsstil der Vorgesetzten.

Gerechtigkeit, vor allem die gerechte Verteilung von Ressourcen und damit Lohngerechtigkeit, ist eine wichtige Erfahrung am Arbeitsplatz, die Zufriedenheit festigt. Obwohl gerade Lohn und Lohnsysteme sowie Beförderungsmöglichkeiten für verschiedene Personen unterschiedliche Relevanz haben, sei betont, dass die finanzielle Entlohnung zur Befriedigung vieler Bedürfnisse dient, Symbolcharakter für den Wert der erbachten Leistung und als Statussymbol unübersehbare Relevanz hat, Anerkennung ausdrückt und Sicherheit gibt sowie Freiheit im Leben bedeuten kann. Ein gerechter Lohn wirkt positiv auf die Arbeitszufriedenheit.

Gerechtigkeit, vor allem die gerechte Verteilung von Ressourcen und damit Lohngerechtigkeit, ist eine wichtige Erfahrung am Arbeitsplatz, die Zufriedenheit festigt. Entsprechend der Equity-Theory führen dissonante Lohn-Leistungs-Relationen unter Zeit- und Akkordlohn zu verschiedenen erwünschten und unerwünschten Reaktionen (Tabelle 9). Unterbezahlung unter der Bedingung des Akkordlohns führt häufig zu einem Anstieg des quantitativen Arbeitsoutputs, aber zu einer Verringerung der Qualität. Überbezahlung führt hingegen zu einer Verringerung der Leistungsmenge, aber zu einer Qualitätsverbesserung. Bei Zeitlohn scheint Unterbezahlung zu einer Reduktion von Qualität und/oder Quantität und Überbezahlung zu einem Anstieg zu führen. Es scheint, dass ungerechte Entlohnung über Gefühle des Stolzes, der Scham und Schuld, des Ärgers und der Vergeltung

Tab. 9 Leistungs-Lohn-Vergleich und Reaktionen nach der Equity-Theorie (Kirchler, 1999, S. 300)

Personen	Leistung : Lohn	Vergleichsresultat	Verhaltensänderungen
Individuum Vergleichsgruppe	hoch : hoch hoch : hoch	Konkordanz	keine Änderungen: Verbleib in der Organisation, Leistung wie bisher; Zufriedenheit
Individuum Vergleichsgruppe	hoch : niedrig hoch : hoch	Diskordanz (Unterbezahlung)	bei Zeitlohn sinkt die Qualität und/oder Quantität der Leistung; bei Stücklohn sinkt die Qualität, die Quantität steigt; Unzufriedenheit
Individuum Vergleichsgruppe	niedrig : hoch niedrig : niedrig	Diskordanz (Überbezahlung)	bei Zeitlohn sinkt die Qualität und/oder Quantität der Leistung; bei Stücklohn steigt die Qualität, die Quantität sinkt; Schuldgefühle
Individuum Vergleichsgruppe	hoch : niedrig hoch : niedrig	Konkordanz	keine Änderungen: Verbleib in der Organisation, bis sich eine Gelegenheit ergibt, einen höheren Lohn außerhalb zu erhalten
Individuum Vergleichsgruppe	hoch : hoch niedrig : niedrig	Konkordanz	keine Änderungen: Verbleib in der Organisation, Leistung wie bisher; Zufriedenheit
Individuum Vergleichsgruppe	hoch : niedrig niedrig : hoch	maximale Diskordanz	bei Zeitlohn sinkt die Qualität und/oder Quantität der Leistung; bei Stücklohn sinkt die Qualität, die Quantität steigt; Gefühle ungerechter Behandlung und Unzufriedenheit

usw. dazu führt, dass Mitarbeiter versuchen, ihre Leistung dem Lohn anzupassen (Brandstätter, 1998).

Bisher wurde betont, dass die Arbeitszufriedenheit unterschiedlicher Personengruppen unterschiedlich ist und verschiedene Arbeitsinhalte und arbeitsplatzbezogene Erfahrungen die Arbeitszufriedenheit determinieren. Obwohl es schwer möglich ist, Ursache-Wirkungszusammenhänge zwischen der Arbeitszufriedenheit und anderen Variablen zu bestätigen und eher von Zusammenhängen als von Determinanten und Konsequenzen die Rede sein soll, seien mögliche Folgen angeführt. Nerdinger (1995), Robbins (2001)

> **Es bestehen Wirkungszusammenhänge zwischen Arbeitszufriedenheit und Arbeitsleistung, Absentismus und Fluktuation.**

und andere Autoren führen vor allem die Leistung, Absentismus und Fluktuation an. Die Korrelationen, die in zahlreichen Studien zwischen Arbeitszufriedenheit und den drei Variablen untersucht wurden, streuen breit. Six und Kleinbeck (1989) kommen in einer Metaanalyse zu folgenden durchschnittlichen Korrelationen:

- Arbeitszufriedenheit und Leistung: r = +.14 (selten r > .30),
- Arbeitszufriedenheit und Absentismus: r = –.09,
- Arbeitszufriedenheit und Fluktuation: r = –.20 bis –.40.

Ähnliche Werte berichtet Robbins (2001), mit dem expliziten Hinweis, dass nicht mehr als etwa zwei Prozent der Leistung durch die Zufriedenheit der Mitarbeiter erklärt werden kann. Staehle (1989) berichtet folgende Korrelationen zwischen Arbeitszufriedenheit und verschiedenen anderen, für den Betrieb relevanten Arbeitshandlungen:

- vermeidende Handlungen (z. B. Verantwortungsscheu, zu spät kommen): r = –.51,
- passiv-aggressive Handlungen (z. B. Termine versäumen): r = –.39,
- feindliche Handlungen (z. B. Arbeitsverweigerung, Sabotage): r = –.28.

Besonders der Zusammenhang zwischen Arbeitszufriedenheit und Leistung hat zu zahlreichen wissenschaftlichen Arbeiten angeregt. Insgesamt lässt sich mit Robbins (2001) festhalten, dass der Zusammenhang gering ist. Allerdings wird der Zusammenhang durch besondere Arbeitsbedingungen geschmälert: Wenn am Fließband gearbeitet wird, ist weniger die Zufriedenheit als das Tempo des Bandes für die Leistung ausschlaggebend; an der Börse sind generelle Trends wichtiger für die Performance der Makler als deren Zufriedenheit; und die streng reglementierte Arbeit von Hilfsarbeitern hängt weniger von deren Zufriedenheit ab als die Tätigkeit von Angestellten, die mehr Autonomie und Eigenverantwortung zulassen. Weiters führt Robbins an, dass die Zufriedenheit der einzelnen Mitarbeiter zwar gering mit der Leistung korreliert, wenn die Gesamtzufriedenheit in der Organisation und das Betriebsergebnis berücksichtigt werden, ist der Zusammenhang allerdings relativ hoch. Schließlich sei darauf verwiesen, dass möglicherweise gar nicht die Zufriedenheit besonders ausschlaggebend für die Leistung ist, sondern umgekehrt eine gute Leistung zu Stolz, Selbstvertrauen und einem höheren Selbstwert und damit zu höherer Arbeitszufriedenheit führt.

Absentismus dürfte höher mit der Zufriedenheit der Mitarbeiter korrelieren als die Arbeitsleistung. Vor allem unzufriedene Mitarbeiter dürften konsequenzlose Möglichkeiten, von der Arbeit fern zu bleiben, nutzen. Ein illustrierendes Beispiel dafür liefert Robbins (2001, S. 155):

> Satisfaction data were available on employees at Sears's two headquarters in Chicago and New York. Additionally, it is important to note that Sears's policy was not to permit employees to be absent from work for avoidable reasons without penalty. The occurrence of a freak April 2 snowstorm in Chicago created the opportunity to compare employee attendance at the Chicago office with attendance in New York, where the weather was quite nice. The interesting dimension in this study is that the snowstorm

gave the Chicago employees a built-in excuse not to come to work. The storm crippled the city's transportation, and individuals knew they could miss work this day with no penalty. This natural experiment permitted the comparison of attendance records for satisfied and dissatisfied employees at two locations – one where you were expected to be at work (with normal pressures for attendance) and the other where you were free to choose with no penalty involved. If satisfaction leads to attendance, where there is an absence of outside factors, the more satisfied employees should have come to work in Chicago, while dissatisfied employees should have stayed home. The study found that on this particular April 2 absenteeism rates in New York were just as high for satisfied groups of workers as for dissatisfied groups. But in Chicago, the workers with high satisfaction scores had much higher attendance than did those with lower satisfaction levels. These findings are exactly what we would have expected if satisfaction is negatively correlated with absenteeism. (Robbins, 2001, S. 155)

Hohe Arbeitszufriedenheit bietet auch für den Betrieb Vorteile. Die Kosten von Unzufriedenheit können hoch sein. Außer durch geringere Leistung, Fehlzeiten und Fluktuation entstehen für Betriebe auch dann Kosten, wenn unzufriedene Mitarbeiter zu Sabotage neigen, innerlich kündigen und das Commitment für die Organisation sinkt. Rusbult, Farrell, Rogers und Mainous (1988) unterscheiden zwischen aktiven oder passiven und destruktiven oder konstruktiven Reaktionen auf sinkende Zufriedenheit. Die zwei Dimensionen Aktivität und Konstruktivität spannen ein Vier-Felder-Schema auf (Abbildung 14), aus dem sich Reaktionsmöglichkeiten auf Unzufriedenheit ermitteln lassen. Wenn Mitarbeiter weiterhin Vertrauen in ihre Organisation haben und optimistisch sind, können sie sich loyal verhalten und auf Verbesserungen hoffen. Mitarbeiter könnten sich auch aktiv für Verbesserungen einsetzen, Unzulänglichkeiten durch Beschwerden und Reklamationen anzeigen und somit an einer Veränderung konstruktiv mitarbeiten. Destruktive Verhaltensweisen können darin bestehen, dass Mitarbeiter die Verschlechterungen hinnehmen und durch Abwesenheit, Verantwortungsverweigerung und Sabotage beantworten oder dass sie den Betrieb verlassen.

Das Modell von Rusbult et al. wurde im Rahmen der Beziehungsforschung entwickelt und ist in Bezug auf Arbeitszufriedenheit deshalb interessant, weil es zeigt, dass Unzufriedenheit nicht unmittelbar mit dem Austritt aus der Organisation zusammenhängen muss. Zufriedenheit ist nur eine Variable des Commitment in Beziehungen, auch in der Beziehung zwischen Mitarbeiter und Organisation. Und mehr als die Arbeitszufriedenheit erklärt das Commitment, ob eine Beziehung beendet wird oder nicht. Wenn Fluk-

Abb. 14   Typologie von Reaktionen auf Arbeitsunzufriedenheit (nach Rusbult et al., 1988, S. 601; siehe auch Moser, 1996, S. 32)

tuation vom Commitment und dieses teilweise von der Arbeitszufriedenheit abhängt, dann ist es interessant, die Investitionstheorie von Rusbult und Mitarbeitern (siehe Moser, 1996) in Bezug auf Organisationen zu nützen.

Nach Rusbult wird die Bindung an die Organisation oder das Commitment durch Zufriedenheit, Investitionen und Alternativen determiniert (Abbildung 15).

Zufriedenheit ist nach dem Investitionsmodell dann hoch, wenn Belohnungen, Gewinne oder der Nutzen hoch und Kosten, die in einer Beziehung zu tragen sind, gering sind. Die Variable „Investitionen" bezieht sich auf alle Aufwendungen, die für eine Beziehung getätigt wurden, wie beispielsweise Zeit, aufgebrachte Energie usw. Unter Alternativen sind andere, potentielle Beziehungen gemeint, die eingegangen werden können. Ein Mitarbeiter, der die Chance sieht, für andere Organisationen zu arbeiten, hat größere Veränderungsmöglichkeiten als ein Mitarbeiter, der so spezialisiert ist, dass keine anderen Betriebe eine adäquate Arbeitsstelle anbieten können. Je höher die Zufriedenheit und die getätigten Investitionen und je geringer die Alternativen, desto höher ist das betriebliche Commitment. Aus diesem Zusammenhang wird klar, dass auch unzufriedene Mitarbeiter in der Organisation verbleiben können, eben dann, wenn sie hohe Investitionen getätigt haben und ein Mangel an Alternativen wahrgenommen wird.

Abb. 15 Commitment-Modell

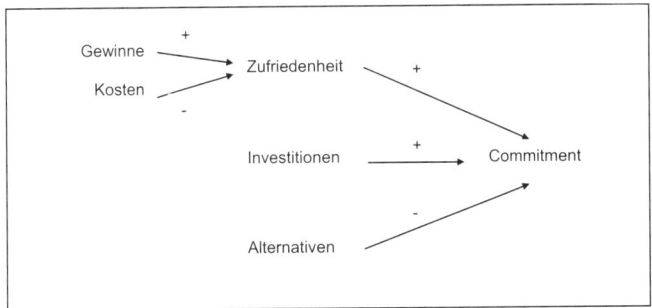

Abschließend sei wiederholt, dass das Commitment-Modell hier den relativ geringen direkten Zusammenhang zwischen Arbeitszufriedenheit und Fluktuation erklären kann. Dass das organisationale Commitment weitere Vorteile für den Betrieb bringt, beispielsweise mit einem Anstieg des Involvements und der Identifikation mit dem Betrieb verbunden ist, wird von Moser (1996) detailliert beschrieben.

2.2.4 Messung der Arbeitszufriedenheit

Die Messung der Arbeitszufriedenheit ist häufig im Kreuzfeuer der Kritik. „Zufriedenheit" ist subjektiv und relativ. Das Anspruchsniveau des Einzelnen verändert sich mit den jeweiligen Erfahrungen: Ein Sklave, dessen Fesseln gelockert werden, mag sich wohler fühlen und zumindest im Augenblick zufriedener sein als derjenige Arbeitstätige, der gleichbleibend in einer objektiv günstigen Situation lebt.

Die Messung der Arbeitszufriedenheit wird häufig kritisiert, unter anderem deshalb, weil „Zufriedenheit" subjektiv und relativ ist.

Six und Kleinbeck (1989) berichten in ihrem Sammelreferat über Arbeitszufriedenheit, dass etwa 81 bis 92 Prozent der Befragten in verschiedenen empirischen Studien zumindest „ziemlich zufrieden" sind. So wie auf die Frage, wie es denn gehe, die Antwort „gut" kommt, ist nicht zu erwarten, dass auf eine globale Frage zur Arbeitszufriedenheit eine detaillierte Antwort gegeben wird. Ohne detaillierte Bestimmung der Art der Zufriedenheit und Bestimmung objektiver Bedingungen der Arbeit ist die Zufriedenheitsmessung am Arbeitsplatz unbefriedigend.

Häufig werden Fragebögen zur Messung der Arbeitszufriedenheit angewandt, die auf der Annahme basieren, dass es einen Generalfaktor der Zufriedenheit gibt und zusätzlich einige Dimensionen, wie die Zufriedenheit
mit Kollegen, Arbeitsinhalten usw.
Üblicherweise erfassen Fragebögen die Zufriedenheit mit den einzelnen
Arbeitsfacetten. In additiven Zufriedenheitsmodellen wird die Gesamtzufriedenheit als Summe oder Durchschnitt der einzelnen Zufriedenheitswerte berechnet. Subtraktive Modellen erfragen, wie sehr verschiedene Bedürfnisse
befriedigt werden und welche Erwartungen bestehen. Die Summe der Differenzen zwischen Ist- und Sollangaben ergibt die (Un-)Zufriedenheit. Schließlich wird in multiplikativen Modellen noch die Wichtigkeit einzelner Arbeitsaspekte erfragt und die einzelnen Zufriedenheitswerte werden mit den Wich-
tigkeitsangaben multipliziert und dann zu einem Gesamtwert aggregiert.
Einige Fragebögen, die häufig angewandt werden, sind

1. das „Porter-Instrument", das Arbeitszufriedenheit als Differenz zwischen
   der als angemessen wahrgenommenen Belohnung und der tatsächlich
   erhaltenen Belohnung definiert. Arbeitskräfte werden gefragt, wie viel
   von einem Charakteristikum gegenwärtig in ihrer Stellung vorhanden ist
   und wie viel sie meinen, dass vorhanden sein sollte. Weiters wird die
   Wichtigkeit des Charakteristikums erfragt. Insgesamt müssen 15 Items
   beantwortet werden. Einige Beispiele für Fragen sind aus Weinert (1998,
   S. 226ff) entnommen:

   • „Das Gefühl der Selbstachtung, das eine Person in meiner Stellung
     empfindet."
   • „Die Gelegenheit zur persönlichen Entfaltung und Entwicklung in
     meiner Stellung."
   • „Das Gefühl der Sicherheit in meiner Stellung."
   • „Die Gelegenheit in meiner Stellung, am Setzen von Zielen teilneh-
     men zu können."
   • „Das Gefühl in meiner Stellung, unter Druck zu stehen."

   Die Summe der gewichteten Differenzbeträge zwischen tatsächlichen
   und erwarteten Charakteristika ergibt die Arbeitszufriedenheit.

2. Ein weiteres Instrument, das Weinert (1998) anführt, ist der Arbeitsbe-
   schreibungs-Index von Smith, Kendall und Hulin (1985). Für die Autoren ist Arbeitszufriedenheit eine Einstellung, die eine Person gegenüber
   den verschiedenen Aspekten ihrer Arbeit hat. Während im Porter-Instrument auf interne Arbeitsaspekte eingegangen wird, befassen sich Smith
   et al. mit den externen Arbeitsaspekten „Arbeit an sich", „Supervision beziehungsweise Führungsstil", „Belohnungen" (Bezahlung und Beförderungsmöglichkeiten) und „Mitarbeiter". Befragte führen an, ob die Arbeit

Tab. 10 Auszug aus dem Arbeits-Beschreibungs-Bogen von Neuberger und Allerbeck (1978, S. A31ff)

Meine Kollegen

Gemeint sind die Kolleginnen und Kollegen, mit denen Sie unmittelbar zusammenarbeiten und arbeitsbezogenen Kontakt haben (es ist uns klar, dass Sie hier nur ein Durchschnittsurteil abgeben können).

1.	stur	ja ☐	eher ja ☐	eher nein ☐	nein ☐
2.	hilfsbereit	ja ☐	eher ja ☐	eher nein ☐	nein ☐
3.	zerstritten	ja ☐	eher ja ☐	eher nein ☐	nein ☐
4.	sympathisch	ja ☐	eher ja ☐	eher nein ☐	nein ☐
5.	unfähig	ja ☐	eher ja ☐	eher nein ☐	nein ☐
6.	guter Zusammenhalt	ja ☐	eher ja ☐	eher nein ☐	nein ☐
7.	faul	ja ☐	eher ja ☐	eher nein ☐	nein ☐
8.	angenehm	ja ☐	eher ja ☐	eher nein ☐	nein ☐

9. Alles in allem: wie zufrieden sind Sie mit Ihren Kollegen?

...

22. Alles in allem: wie zufrieden sind Sie mit Ihrem Vorgesetzten?

35. Alles in allem: wie zufrieden sind Sie mit Ihrer Tätigkeit?

47. Alles in allem: wie zufrieden sind Sie mit den Arbeitsbedingungen?

61. Alles in allem: wie zufrieden sind Sie mit der Organisation und Leitung?

71. Alles in allem: wie zufrieden sind Sie mit Ihren Entwicklungsmöglichkeiten?

79. Alles in allem: wie zufrieden sind Sie mit Ihrer Bezahlung?

Wenn Sie nun an alles denken, was für Ihre Arbeit eine Rolle spielt (z.B. die Tätigkeit, die Arbeitsbedingungen, die Kollegen, die Arbeitszeit usw.), wie zufrieden sind Sie dann insgesamt mit Ihrer Arbeit?

Wenn Sie nun nicht nur die Arbeit betrachten, sondern Ihre gesamte derzeitige Situation berücksichtigen (Wohnung, Preise, Gesundheit, Liebe, Politik, Nachbarn usw.), wie zufrieden sind Sie dann insgesamt mit Ihrem Leben?

selbst interessant, zufriedenstellend, langweilig, gut, ermüdend, einfach, etc. ist, ob die Vorgesetzten unhöflich, taktvoll, einflussreich, etc. sind, ob die Bezahlung angemessen, schlecht, unsicher, etc. ist, ob die Beförderungsmöglichkeiten durch gutes Vorwärtskommen, durch ungerechte Praktiken, etc. charakterisiert sind und ob die Mitarbeiter langweilig, ehrgeizig, schnell, belästigend, etc. sind (siehe Weinert, 1998, S. 229ff). Insgesamt werden 72 Behauptungen vorgelegt, denen Befragte zustimmen oder nicht. Arbeitszufriedenheit resultiert aus der Summe der Zustimmung zu positiven und positiv gepolten Behauptungen.

3. Im deutschsprachigen Raum werden die Skala zur Messung der Arbeitszufriedenheit von Fischer und Lück (1972) sowie der Arbeitsbeschreibungsbogen von Neuberger und Allerbeck (1978) häufig benutzt. Die Skala zur Messung der Arbeitszufriedenheit misst vor allem die Zufriedenheit mit der Tätigkeit selbst. Der Arbeits-Beschreibungs-Bogen erfasst die Zufriedenheit mit Kollegen, Vorgesetzten, der Tätigkeit, mit äußeren Bedingungen, der Organisation und Leitung, beruflicher Weiterbildung, Bezahlung, Arbeitszeit, Arbeitsplatzsicherheit, mit der Arbeit und dem Leben insgesamt. Zum einen werden einzelne Merkmale der angeführten Dimensionen beurteilt, zum anderen werden Befragte angewiesen, auf sogenannten Kunin-Gesichterskalen ihre globale Zufriedenheit mit den angeführten Dimensionen anzugeben. Schließlich wird eine Gewichtung der Dimensionen verlangt und die Arbeitszufriedenheit als Funktion der gewichteten globalen Zufriedenheitsangaben zu den einzelnen Dimensionen definiert. Ein Auszug aus dem Arbeits-Beschreibungs-Bogen findet sich in Tabelle 10.

2.2.4.1   Zur Problematik der Zufriedenheitsmessung

Wie in den übrigen Untersuchungsbereichen der Sozialwissenschaften dominieren auch in den Studien zur Arbeitszufriedenheit Befragungstechniken (Interview, Fragebogentechniken) und Beobachtungsmethoden. Beide Untersuchungsmethoden sind gerade bei der Messung der Zufriedenheit mit dem Leben generell, der Beziehungszufriedenheit und auch der Arbeitszufriedenheit vielfach als unzulänglich kritisiert worden (siehe Kirchler et al., 2000).

Beobachtungsstudien sind kritisch, weil Zufriedenheit ein subjektives Phänomen bleibt, das von außen kaum erschließbar ist. Befragungen sind problematisch, weil Personen über vergangene Ereignisse Auskunft geben, Erlebnisse bewerten und „verrechnen" müssen und dies hohe kognitive Leistungen und die Bereitschaft dazu verlangt.

Wenn die Messung der Arbeitszufriedenheit mittels klar strukturierten Instrumenten erfolgt, wird nach der Zufriedenheit mit den Arbeitsinhalten, der Arbeitsorganisation, den Kollegen und Vorgesetzten, usw. gefragt. Häufig werden geschlossene Fragen formuliert und die Befragten kreuzen eine von fünf oder sieben Antwortalternativen an. Der Index der Arbeitszufriedenheit resultiert aus den gewichteten oder ungewichteten Antworten auf die einzelnen Fragen.

Die Problematik der Messung der Erfahrungen mit der Arbeit, ebenso wie die Messung anderer Erfahrungsbereiche, ergibt sich aus mehreren möglichen Fehlerquellen (Kirchler et al., 2000, S. 102ff):

Beobachtungsstudien sind problematisch, weil Zufriedenheit ein subjektives, von außen kaum erschließbares Phänomen bleibt; Befragungsstudien sind problematisch, weil sie hohe kognitive Leistungen und die Bereitschaft dazu verlangen.

(a) Subjektivität der Realität: Personen beurteilen Aspekte der Arbeit nicht nur unterschiedlich, sie nehmen ihre Umwelt auch unterschiedlich wahr und berichten dieselben Erfahrungen auf unterschiedliche Weise. In Studien über Haushaltsentscheidungen wurde beispielsweise wiederholt gefunden, dass Mann und Frau, auch dann, wenn sie seit langen Jahren unter dem gemeinsamen Dach leben, ihre gemeinsamen Erfahrungen verschieden schildern. In den Berichten der Partner finden sich etwa zwei Drittel gleiche Informationen; ein Drittel des Berichtsinhaltes des Mannes findet sich im Bericht der Frau anders dargestellt. Erfahrungen in bestimmten Situationen, Prozesse und Ergebnisse werden subjektiv (re)konstruiert.

(b) Subjektive Strukturen: Der Alltag ist komplex und wird von Personen auf deren subjektive Weise kognitiv strukturiert. Im Fragebogen wird die Möglichkeit zur subjektiven Strukturierung der erlebten Wirklichkeit stark eingeschränkt. Die Art der Fragen, deren Differenziertheitsgrad und die vorgegebenen Antwortalternativen entspringen dem Wirklichkeitsbild des Forschers und lassen kaum Platz für eine subjektive Rekonstruktion der Wirklichkeit der Befragten. Befürworter von Fragetechniken könnten nun kontern, dass es wohl schwierig wäre, auf Fragen zu antworten, die nicht dem eigenen Wirklichkeitsbild entsprechen und deshalb unverständlich sein müssten. Dass Fragen beantwortet werden, ist jedoch kein Indiz dafür, dass sich die Befragten im Fragebogen zurechtfinden. Wie leicht ist es doch, eine Antwortalternative anzukreuzen, um einerseits den Fragenden zufrieden zu stellen und andererseits der Befragungssituation zu entkommen.

(c) Soziale Erwünschtheit: Vielfach werden in den Sozialwissenschaften Themen erfragt, zu denen es sozial erwünschte Antworten gibt. Beispielsweise ist es sozial erwünscht, mit dem Leben und der Arbeit zufrieden zu sein. Dementsprechend sind viele Menschen mit ihrem Leben, ihrer Arbeit und ihrer Ehe laut Fragebogen sehr zufrieden oder zufrieden.

(d) Banale Ereignisse und Stereotype: Wenn wichtige, bedeutungshaltige Erfahrungen erfragt werden, dann ist wahrscheinlich eine recht präzise Erinnerung und Schilderung möglich. Häufig sind aber banale, alltägliche Erfahrungen zu berichten. Beispielsweise wird Arbeitszufriedenheit als Aggregat der Bewertung zahlreicher alltäglicher Erfahrungen verstanden. Wenn Erfahrungen geringer Bedeutung, die in der Zerstreutheit des Alltags unbeachtet geschehen, zu berichten sind, dann wissen Personen oft nicht exakt Auskunft zu geben. Um trotzdem eine Antwort auf Fragen zu finden, können sie auf soziale Stereotype zurückgreifen und für sich selbst entsprechend der Stereotype berichten.

(e) Verfügbarkeitsheuristik: Banale und besondere Erfahrungen werden nicht nur unterschiedlich genau erinnert, auch die subjektive Häufigkeit ihres Auftretens variiert. Entsprechend der Verfügbarkeitsheuristik werden bei der Schätzung der Häufigkeit oder Auftrittswahrscheinlichkeit eines oder mehrerer Ereignisse Urteile auf der Basis der Schwierigkeit oder Leichtigkeit gebildet, mit der einzelne Informationen aus dem Gedächtnis abgerufen oder generiert werden können. Nachdem die Erinnerung nicht nur von der Darbietungshäufigkeit abhängt, sondern von einer Reihe anderer Faktoren, wie etwa der Aufmerksamkeit und Verarbeitungstiefe von wahrgenommenen Ereignissen, kann die Verfügbarkeitsheuristik zu Fehlurteilen führen und zur Überschätzung der Häufigkeit auffälliger Ereignisse.

(f) Rekonstruktion und Rationalisierung: Schließlich sind Erfahrungen gerade dann, wenn sie zu berichten sind und subjektive Bewertungen eingeholt werden, längst Vergangenheit, und intensive Gefühle können nur als „kalte Kognitionen" erinnert werden. Die Intensität der Situation ist vergessen und die Gedanken, die einmal voll auf die aktuelle Situation konzentriert waren, sind nun anderen Dingen zugewandt. Die unmittelbare Beziehung zwischen Ereignis und subjektivem Erlebnis kann im Fragebogen kaum entsprechend wiedergegeben werden. Die Antworten im Fragebogen sind „kopfgesteuert". Die einmal spontan abgelaufenen Aktionen und Reaktionen werden in der Retrospektive rationalisiert. Damit werden vergangene Ereignisse nicht erinnert, sondern neu konstruiert, nicht so, wie sie stattgefunden haben, sondern so, dass der Ablauf des Geschehens logisch kohärent erscheint und die Bewertung mit dem aktuellen Verhalten stimmig ist.

(g) Präferenzinstabilität: Menschen sind kaum in der Lage anzugeben, was sie in der Vergangenheit bevorzugt haben oder in Zukunft bevorzugen werden. Personen haben Schwierigkeiten damit, ihren Nutzen über die Zeit zu maximieren; sie können oft auch gar nicht erahnen oder nur mit großer

Unsicherheit angeben, was sie zukünftig präferieren werden. Um rationale Entscheidungen treffen zu können, müssen sie sich aber auf ihre Erfahrungen verlassen können, also vergangene Präferenzen erinnern. Auf der Basis der Erinnerungen werden gegenwärtige Alternativen in Hinblick auf zukünftige Wünsche bewertet. Kahneman (1994) zeigt, dass Erfahrungen anhand der „Spitzen-Ende-Regel" beurteilt werden, und nicht die gesamte Erfahrung, in ihrer zeitlichen Dauer vom Beginn bis zum Ende in das Urteil einfließt. Wenn ein Ereignis einige negative Spitzen aufwies und am Ende unangenehm war, wird es meist als negative Erfahrung erinnert. Wenn das Ende relativ zur übrigen Zeit angenehm war, bleibt das Ereignis als relativ angenehme Erfahrung in Erinnerung. Ein Experiment zur Prüfung der Spitzen-Ende-Regel sah folgendermaßen aus: Personen mussten 60 Sekunden lang ihre Hand in kaltes Wasser legen. Die Temperatur betrug 14 Grad Celsius. Anschließend wurde der Versuch wiederholt, allerdings mit einer Verlängerung von 30 Sekunden, während der die Wassertemperatur auf 15 Grad anstieg. Auf die Frage, welche der zwei Bedingungen in einem dritten Versuch präferiert wird, bevorzugte der Großteil der Teilnehmer den länger dauernden Teil. Dass der länger dauernde Teil nicht nur alle unangenehmen Erfahrungen des kürzeren beinhaltete, sondern zusätzlich 30 Sekunden länger dauerte, wurde nicht berücksichtigt. Urteile über vergangene Erfahrungen können je nach Aufeinanderfolge der negativen und neutralen Erfahrungen völlig unterschiedlich ausfallen.

(h) Stimmung und Bewertung: Stimmungskongruente Erfahrungen werden besser erinnert als stimmungsinkongruente. Wenn Befragte während der Befragung in positiver Stimmung sind, erinnern sie eher angenehme Ereignisse als unangenehme und verschatzen sich dementsprechend in ihren Angaben über Auftrittswahrscheinlichkeiten und in der Bewertung von Erfahrungen. Die aktuelle Stimmung ist nicht nur für Erinnerungsfehler verantwortlich, sondern wird selbst als Informationsquelle benutzt, wenn es um die Bewertung von Erlebnissen geht: Wenn beispielsweise Arbeitnehmer während der Befragung über ihre Arbeitszufriedenheit in guter Stimmung sind, kommen sie nicht nur deshalb eher zu einer positiven Beurteilung ihrer Arbeit insgesamt, weil sie positive Erfahrungen eher erinnern als negative und die Auftrittswahrscheinlichkeit angenehmer Erfahrungen am Arbeitsplatz überschätzen und damit in ihrem Urteil unverhältnismäßig stark gewichten, sondern auch deshalb, weil sie aus der momentan guten Stimmung schließen, mit ihrer Arbeit zufrieden zu sein. In einer Vielzahl einfacher, aber überaus kreativer Untersuchungen wurde der Einfluss der Stimmung auf kognitive Prozesse nachgewiesen. Schwarz und Clore (1983) ließen am Campus der University of Illinois eine Gruppe von Studenten 20

Cents auf einem Kopiergerät „finden"; eine weitere Gruppe „fand" kein Geld. Anschließend wurden die Studenten über ihr momentanes Befinden und ihre Lebenszufriedenheit befragt. Nicht nur das aktuelle Befinden, sondern auch die Lebenszufriedenheit erwies sich als von den „gefundenen" 20 Cents abhängig. Ähnliche Unterschiede in der Lebenszufriedenheit ergaben sich zwischen Gruppen von Personen, die an Sonnen- beziehungsweise an Regentagen befragt wurden oder zwischen Gruppen von Sportfans, die vor und nach einem Fußballspiel, welches das „Herzensteam" gewonnen hatte, befragt wurden.

(i) Differenziertheit: Dass auch die Raumarchitektur und die Wohnatmosphäre die Stimmung und in weiterer Konsequenz Zufriedenheitsurteile beeinflussen, wurde ebenfalls nachgewiesen. In einem schönen Raum ist das allgemeine Befinden besser als in einem ungemütlichen und die generelle Lebenszufriedenheit wird höher eingestuft. Wenn aber in den unterschiedlichen Räumen die Zufriedenheit mit der eigenen Wohnsituation berichtet werden soll, dann fallen die Urteile in der ungemütlichen Umgebung besser aus als in der gemütlichen. Wahrscheinlich finden im letzten Fall Vergleichsprozesse statt, während im ersten Fall die Stimmung als Information dient.

(j) Spezifische versus globale Fragen: Personen generieren auf Fragen über die Zufriedenheit mit spezifischen Lebensbereichen andere Antworten als auf globale Zufriedenheitsfragen. Spezifische Fragen führen eben zur Erinnerung an spezifische Ereignisse und deren Beurteilung, während globale Fragen zu einer globalen, weniger differenzierten Erinnerung einladen. Die Vorgabefolge spezifischer und globaler Fragen kann zu unterschiedlichen Antworten führen, weil die Erinnerungen und Antworten auf eine Frage die Urteilsbildung bezüglich der nächsten Frage beeinflussen können (Strack, Martin und Schwarz, 1988). Untersucht wurden Antworten auf die Frage nach der Lebenszufriedenheit im Allgemeinen und nach der Zufriedenheit mit der aktuellen Liebesbeziehung. In einem Fall wurde die Frage nach der Beziehungszufriedenheit nach der globalen Zufriedenheitsfrage gestellt. In der zweiten Bedingung wurde die spezifische Frage unmittelbar vor der globalen Zufriedenheitsfrage gestellt und angenommen, dass bei Beurteilung der globalen Zufriedenheit mehr spezifische Inhalte berücksichtigt werden als unter der ersten Bedingung. In der dritten Versuchsbedingung wurde die Reihenfolge der Fragen von spezifisch bis global beibehalten, die Befragten wurden aber vor Beantwortung explizit darauf hingewiesen, dass die Zufriedenheit mit zwei vollkommen unterschiedlichen Lebensbereichen erfragt wird. Die Antwortskala war jeweils elf-stufig. In Tabelle 11 sind die Korrelationen zwischen den Antworten auf die zwei Fragen unter den drei

Tab. 11 Korrelationen zwischen spezifischer Beziehungszufriedenheit beziehungsweise Häufigkeit des Treffens mit dem Partner und globaler Lebenszufriedenheit unter drei Versuchsbedingungen (Strack, Martin und Schwarz, 1988; S. 435 und S. 437)

	Versuchsbedingungen		
	Globale Frage vor spezifischer Frage	Spezifische Frage unmittelbar vor globaler Frage	Spezifische Frage vor globaler Frage; Hinweis auf verschiedene Bereiche
Experiment 1	r = .16 (n = 60)	r = .55 (n = 60)	r = .26 (n = 60)
Experiment 2	r = -.12 (n = 60)	r = .66 (n = 60)	r = .15 (n = 60)

Versuchsbedingungen zusammengefasst. Je nachdem, ob vor Beantwortung der globalen Frage spezifische Inhalte erinnert wurden oder nicht, sind die Korrelationen zwischen den Zufriedenheitsantworten unterschiedlich hoch ausgefallen. Nachdem nun eingewandt werden kann, dass die Korrelationen aufgrund derselben Antwortskalen für beide Fragen verzerrt sein können, wurde ein weiteres Experiment durchgeführt, das dem ersten bis auf folgende Änderung entsprach: Anstelle der Frage nach der Beziehungsqualität wurde nach der Häufigkeit des Treffens mit dem Partner gefragt und eine offene Antwort ermöglicht. Die Korrelationen entsprechen denen im ersten Experiment und sind ebenfalls in Tabelle 11 festgehalten.

(k) Antwortalternativen: Die Antworten im Fragebogen sind schließlich auch von den Antwortalternativen abhängig. Dies mag banal klingen – gemeint ist jedoch nicht nur, dass der Forscher durch die Antwortvorgaben sein Bild der Wirklichkeit vorlegt und den Befragten dazu zwingt, innerhalb des gesteckten Rahmens zu antworten. Auch die Differenziertheit der Antwortskala kann zu ganz unterschiedlichen Ergebnissen führen. Schwarz und Scheurig (1988) fragten nach der Häufigkeit von Geschlechtsverkehr mit dem Partner und nach der Masturbationshäufigkeit und gaben jeweils sechsstufige Antwortskalen vor. Unter einer Versuchsbedingung waren die Antworten im hochfrequenten Bereich differenziert, in der anderen Bedingung im niedrigfrequenten (Tabelle 12). Anschließend wurde die Frage nach der Beziehungszufriedenheit gestellt und eine elfstufige Antwortskala vorgegeben. Wenn hochfrequente Antwortalternativen vorgelegt wurden, wurden Ergebnisse errechnet, wonach etwa 77 Prozent der Befragten mindestens einmal pro Woche mit dem Partner Sex hatten und etwa 69 Prozent berichteten eine Masturbationshäufigkeit von mindestens einmal pro Woche. Wenn die niedrigfrequenten Antwortalternativen zur Verfügung standen, sanken die entsprechenden Prozentsätze für Geschlechtsverkehr auf etwa 39 Prozent und für Masturbationshäufigkeit auf etwa 42 Prozent. Die

Zufriedenheit mit der Beziehung war in den unterschiedlichen Bedingungen jeweils gleich hoch.

Tab. 12   Hoch- und niedrigfrequente Antwortalternativen (Schwarz und Scheuring, 1988, S. 489)

Fragen: Wie häufig haben Sie mit Ihrem Partner Geschlechtsverkehr?

Wie häufig masturbieren Sie?

Hochfrequente Antwortalternativen	Niedrigfrequente Antwortalternativen
☐ mehrmals am Tag	☐ mehrmals pro Woche
☐ einmal am Tag	☐ einmal pro Woche
☐ 3 bis 4 mal pro Woche	☐ einmal alle zwei Wochen
☐ zweimal pro Woche	☐ einmal pro Monat
☐ einmal pro Woche	☐ weniger als einmal pro Monat
☐ weniger als einmal pro Woche	☐ niemals

2.2.4.2 Tagebücher

Um das Alltagsgeschehen und besondere Phänomene zu erfassen, bieten sich Tagebuchverfahren an. In den letzten Jahren wurden eine Reihe von Verfahren entwickelt, die erlauben, tief in den Alltag einzudringen und die Wechselwirkung zwischen Person und Umwelt zu analysieren (Kirchler et al., 2000, S. 117ff).

Brandstätter (1977) konstruierte ein Zeitstichprobentagebuch zur Untersuchung des Befindens im Alltag. Die Teilnehmer protokollieren fortlaufend ihre augenblickliche Stimmung, geben Ursachen des Befindens an und beschreiben kurz die objektiven Situationsmerkmale, wie Aufenthaltsort, ausgeführte Tätigkeit und anwesende Personen. Das Tagebuch besteht also aus Frageblättern, die mehr Hilfe zur Abfassung eines Erinnerungsfragments sind als Vorstrukturierung des individuellen Lebensbereiches.

Das Zeitstichprobentagebuch ist eine aufwendige, aber sehr effiziente Methode zur Untersuchung des Alltagsbefindens.

Die Tagebucheintragungen erfolgen zu vorgegebenen Zufallszeiten, mehrmals täglich und über einen längeren Zeitabschnitt hinweg. Um volle Diskretion der Eintragungen zu wahren, führen die Untersuchungsteilnehmer nach einiger Zeit und einem entsprechenden

Training klassifikatorische Inhaltsanalysen ihrer Tagebücher selbst durch. Jeder Teilnehmer protokolliert auf einem Datenblatt

(a) das Datum und die vorgesehene und tatsächliche Zeit der Eintragung im Tagebuch,
(b) das momentane Befinden,
(c) die Qualität der momentanen Stimmung,
(d) die Quellen des Befindens,
(e) momentane Bedürfnisse,
(f) den momentanen Aufenthaltsort,
(g) die ausgeführte Tätigkeit und schreibt auf,
(h) wer aller anwesend war.

Dass das Befindenstagebuch eine brauchbare Methode und der erhebliche forschungsökonomische Aufwand durchaus gerechtfertigt sind, hat sich in einer Reihe von Untersuchungen bestätigt, in denen Gruppen von 20 bis 35 Studenten, Hausfrauen, Arbeitslose, Mitarbeiter in Betrieben usw. über einen Zeitraum von ein bis sechs Monaten Tagebücher führten.

Je nach Bedarf werden die Fragen im Tagebuch angepasst. Ein Beispiel für Tagebücher aus der Schichtarbeiter-Studie von Kirchler und Schmidl (2000) findet sich in Abbildung 16.

Tagebücher wurden vorwiegend auf individueller Ebene eingesetzt. Kirchler (1988) ließ nach Modifikation des Zeitstichprobentagebuches von Brandstätter (1977) Frauen und Männer zur gleichen Zeit, aber unabhängig voneinander Aufzeichnungen über das Alltagsbefinden machen, um Beziehungsphänomene zu untersuchen. Jeder Partner von 21 Paaren erhielt einen Kalender mit vorgegebenen Zufallszeiten, die für beide identisch waren. Über einen Zeitraum von vier Wochen beantworteten die Teilnehmer je sechsmal täglich unabhängig voneinander die Fragen aus Brandstätters Befindenstagebuch und zusätzlich einige Fragen in Bezug auf die jeweilige Situation. Wenn der Partner gerade anwesend war, wurde auch dessen Befindenslage eingeschätzt und das Dominanzverhältnis sowie die momentane Beziehungsharmonie protokolliert. Am Ende einer Aufzeichnungsperiode wurden die vollständig ausgefüllten Tagebücher von jedem Teilnehmer individuell, aber nach einem gemeinsam erarbeiteten Schema inhaltlich analysiert. Die Ergebnisse der klassifikatorischen Inhaltsanalyse wurden schließlich auf ein Datenblatt übertragen, das der wissenschaftlichen Analyse diente.

Das Tagebuch gibt Aufschluss über die Art, die Häufigkeit und den Verlauf des Befindens sowie über Art und Häufigkeit von Alltagsereignissen und deren Einfluss auf das Befinden. Weiters liefert das Tagebuch Informationen über Tätigkeiten und Sozialkontakte. Nachdem jeweils sechs Protokollierzeitpunkte zufällig über die 24 Stunden des Tages verstreut sind und die Aufzeichnungen über vier Wochen laufen, lässt sich schließlich ein typisches Muster des Alltagslebens konstruieren.

Wenn nicht das Befinden oder der Alltag allgemein im Fokus des Forschungsinteresses stehen, sondern spezifische Themen studiert werden sollen, muss das Tagebuch nicht nur zu den zufallsbedingten Zeitpunkten aufgefüllt werden, sondern immer dann, wenn das relevante Thema aktuell wird. Dies ist notwendig, um eine genügend hohe Anzahl relevanter Ereignisse zu sammeln. In Kirchlers (1988) Studie wurde neben dem Zeitstichprobentagebuch für Paare ein Ereignistagebuch angewandt. Allerdings registrierten die Paare nicht immer dann das spezifische Geschehen, wenn ein Ereignis gerade stattgefunden hatte, wie in Ereignistagebüchern eigentlich vorgesehen wäre. Die Paare wurden instruiert, am Abend jeden Tages das Ereignistagebuch auszufüllen, das sich auf Kaufentscheidungen bezog. Gerade wenn Alltagserfahrungen erforscht werden, wird meist in bestimmten Zeitintervallen eine Aufzeichnung verlangt.

Das Ereignistagebuch dient der Untersuchung spezifischer, selten auftretender Themen.

Das Zeitstichprobentagebuch, das Paar-Tagebuch und das (retrospektive) Ereignistagebuch (Intervalltagebuch) besitzen viele Vorteile gegenüber anderen Verfahren, die den Mehraufwand in der Anwendung rechtfertigen. Phänomene werden untersucht, wenn sie tatsächlich ablaufen oder noch lebhaft erinnert werden können. Damit werden Erinnerungsfehler vermieden oder zumindest stark reduziert. Weiters wird das Tagebuch von den Untersuchungsteilnehmern selbständig „verwaltet", im privaten Bereich ausgefüllt und selbst inhaltlich analysiert. Intime Situationen werden nicht durch eindringende Dritte gestört; es besteht auch kaum Druck, einen guten Eindruck zu hinterlassen. Die protokollierten Ereignisse werden nicht aus dem übrigen Kontext herausgerissen, sondern eingebettet im Strom der Alltagsereignisse studiert. Kontakte zu verschiedenen Personen werden ebenso festgehalten wie Aktivitäten außerhalb der untersuchten Räume. Damit werden Erfahrungen im Feld ihrer sozialen Ereignisse belassen.

Ein weiterer Vorteil ist, dass für verschiedene Situationen personenspezifische Zufriedenheitsindices berechnet werden können, indem die Befindenseintragungen im Tagebuch, die in den jeweiligen Situationen erfolgten, aggregiert werden. Zudem ist es möglich festzustellen, welche Motive in spezifischen Situationen erfüllt beziehungsweise frustriert wurden, welche Ursachen für das Befinden in spezifischen Situationen subjektiv angenommen werden und wie häufig die jeweiligen Situationen auftreten.

Abb. 16 Tagebuchblatt (Kirchler und Schmidl, 2000)

Datum: _____
Uhrzeit: _____
  (Sollzeit): _____
  (Istzeit): _____

Art der Eintragung
0 Zum angegebenen Zeitpunkt
0 Memoriert
0 Vergessen und memoriert
0 Vergessen
0 Geschlafen

1. Wie fühle ich mich gerade?

  [-- - o + ++]

2. Wie kann ich meine augenblickliche Stimmung genau beschreiben?

_____

3. Warum fühle ich mich so?

_____

4. Wo bin ich? _____

5. Was tue ich gerade? _____

6. Wer ist noch anwesend? _____

7. Wenn ich mich mit jemandem unterhalte, worüber unterhalten wir uns?

8. Wie müde/munter fühle ich mich gerade?

  müde 0 0 0 0 0 0 0 munter

9. Wie frei fühle ich mich in der Wahl meiner augenblicklichen Tätigkeit?

  sehr unfrei 0 0 0 0 0 0 0 sehr frei

10. Bitte beantworten Sie die folgenden Fragen, wenn Sie gerade im Dienst sind:

  (a) Ich bin in der .....ten Dienststunde.

  (b) Wie habe ich derzeit alles im Griff?

  gar nicht 0 0 0 0 0 0 0 sehr frei

  (c) Wie viele beziehungsweise wie wenige Fehler sind mir in den letzten zwei Stunden unterlaufen? [   ]

Ein Tagebuch aus Kirchlers (1985) Studie mit Arbeitslosen und Instruktionen an die Teilnehmer bringt die Informationsbox 1.

Informationsbox 1 Anleitungen zum Zeitstichproben-Tagebuch in einer Befindensstudie mit Arbeitslosen (Kirchler, 1985)

1. Was ist der Zweck dieser Untersuchung?
In der Psychologie hat man sich bisher wenig darum gekümmert, wie die Menschen ihren Alltag erleben, was sie unzufrieden oder was sie zufrieden stimmt.
Obwohl die Zahl der arbeitslosen Menschen ständig steigt, gibt es nur wenige Untersuchungen über die Auswirkungen der Arbeitslosigkeit auf das Befinden der Betroffenen. Unsere Untersuchung soll dazu beitragen, die Lebensumstände und persönliche Erfahrungen von Arbeitslosen besser zu verstehen. Denn erst dann ist es möglich, dass wirksam geholfen werden kann, ihre Situation zu verbessern.

2. Was ist zu tun?

Die Untersuchung erstreckt sich über sechs Monate. In diesem Zeitraum schreiben Sie an 4 mal 10 Tagen mehrmals täglich kurz auf ein Protokollblatt (Tagebuchblatt), wie Sie sich im Augenblick fühlen, wo Sie sich gerade befinden, was Sie tun und wer mit Ihnen zusammen ist. Da die Untersuchung einige Schwierigkeiten machen kann, möchten wir vor dem eigentlichen Beginn der Aufzeichnungen eine kurze zweitägige Probephase machen.

Wichtig: Bitte verhalten Sie sich stets so, als bräuchten Sie kein Tagebuch zu führen. Bitte ändern Sie Ihren Tagesrhythmus nicht, um "schöne" Tätigkeiten für das Protokoll zu bekommen. Die Daten sind nur dann brauchbar, wenn Sie leben wie sonst auch.

Die Untersuchung und die Daten, die Sie uns geben, werden selbstverständlich vertraulich behandelt. Niemand kann Ihren Namen erfahren, weil Sie selbst die Fragebögen und Ihre Tagebuchaufzeichnungen mit einem Code versehen, den nur Sie kennen (= die ersten zwei Zeichen des Code entsprechen dem Tag des Geburtstags Ihrer Mutter; die nächsten zwei Zeichen entsprechen den Anfangsbuchstaben des Ledigennamens Ihrer Mutter; das letzte Zeichen soll einen Hinweis auf Ihr Geschlecht geben, d. h., wenn Sie ein Mann sind, soll das letzte Zeichen ein "M", wenn Sie eine Frau sind, soll es ein "F" sein).

3. Wann machen Sie die Aufzeichnungen im Tagebuch?

Der Zufallskalender enthält für jeden Untersuchungstag sechs Zeiten, die zufällig bestimmt worden sind. Einige davon werden in die Schlafenszeit fallen. Sie werden zu diesen Zeitpunkten keine Eintragungen im Tagebuch machen können und notieren das am nächsten Morgen.

Stellen Sie den Weckruf der Uhr, die Ihnen zur Verfügung gestellt wird, immer auf die nächstfolgende Zeit ein, damit Sie pünktlich an die Eintragung erinnert werden.

4. Wie wird eingetragen ?

Normalfall: (a) Beim Ertönen des Alarmsignals beantworten Sie die Fragen im Protokollblatt. Schreiben Sie in das Kästchen neben der Uhrzeit ein "R" für Protokollierung zum Soll-Zeitpunkt (richtig) ein.

Ausnahmen: (b) Wenn Sie höchstens 10 Minuten vor Erreichen des Soll-Zeitpunktes an die Eintragung erinnert werden, füllen Sie bitte das Tagebuch aus und schreiben in das Kästchen neben der Uhrzeit ein "R" für richtige Eintragung. Wenn die Zeit vom angegebenen Zeitpunkt mehr als 10 Minuten entfernt ist, warten Sie auf das Eintragungssignal.

(c) Wenn Sie protokollieren sollen, aber kein Protokollblatt zum Aufschreiben bei sich haben, gehen Sie in Gedanken das Protokollblatt durch und behalten die Antworten im Gedächtnis. Schreiben Sie die erinnerten Antworten bei allernächster Gelegenheit nieder. Im Kästchen neben der Uhrzeit vermerken Sie bitte mit "E", dass die Eintragung erinnert (memoriert) wurde.

(d) Wenn Sie aus irgendeinem Grund den angegebenen Zeitpunkt übersehen haben (z. B. Sie haben den Alarm nicht gehört usw.), dann protokollieren Sie sofort, wenn Ihnen das Vergessen bewusst wird. Schreiben Sie in das Kästchen neben der Uhrzeit ein "V" (vergessen).

(e) Sollten (c) und (d) zusammen eintreten, so schreiben Sie in das Kästchen neben der Uhrzeit ein "EV", für vergessen und memoriert.

Wichtig: Versuchen Sie nie, sich an das Befinden und die Situation zu dem Zeitpunkt, wo Sie die Eintragung machen hätten sollen, zu erinnern. Benutzen Sie nur die Möglichkeiten (a), (b), (c), (d) oder (e).

5. Wie beantworten Sie die einzelnen Fragen?
Nehmen Sie bitte ein leeres Protokollblatt zur Hand. Auf jeder Seite stehen Fragen, die kurz und möglichst klar beantwortet werden sollen.

Protokollblatt aus dem Befindenstagebuch

Lfnr.:_____   (4) Wo bin ich?

Datum:_____   _____

Uhrzeit: (Soll)_____   (5) Was tue ich?

(Ist)_____   _____

(1) Wie fühle ich mich gerade?   _____

(6) Wer ist noch anwesend?

(2) Wie könnte ich meine augenblickliche   _____
Stimmung genauer beschreiben?

_____   (7) Wie frei fühle ich mich in der Wahl
meiner augenblicklichen Tätigkeit?

(3) Warum fühle ich mich so?

_____   sehr   sehr
_____   frei   unfrei
_____

(1) Wie fühle ich mich gerade?
Hier sollen Sie Ihre augenblickliche Stimmung angeben. Fühlen Sie sich insgesamt klar gut, tragen Sie bitte "++" ein. Fühlen Sie sich eher gut als schlecht, tragen Sie bitte "+" ein. Fühlen Sie sich klar schlecht, tragen Sie bitte "--" ein. Fühlen Sie sich eher schlecht als gut, tragen Sie bitte "-" ein. Können Sie sich ausnahmsweise für eine bestimmte Stimmungslage nicht entscheiden, so tragen Sie "0" ein. Indifferentes Befinden oder "0" sollen Sie nur dann eintragen, wenn Sie sich weder für überwiegend positives noch für überwiegend negatives Befinden entscheiden können. Antworten Sie ohne allzuviele Überlegungen und beziehen Sie sich dabei nur auf den jeweiligen Augenblick.
(2) Wie könnte ich meine augenblickliche Stimmung genauer beschreiben?
Verwenden Sie ein oder zwei Eigenschaftswörter, um Ihre Stimmung genauer zu definieren. Wenn Sie das Wetter eines klaren Wintertages beschreiben müssten, würden Sie vielleicht sagen: sonnig, kalt, windig. Ihnen sind sicher viele Eigenschaftswörter geläufig, mit denen Sie auch sonst Ihre Gefühle und Stimmungen beschreiben. Wenn Sie nicht ein genau passendes Wort finden, sollten Sie ohne lange zu überlegen eines wählen, das noch am ehesten Ihre augenblickliche Stimmung wiedergibt. Sie können selbstverständlich auch Dialektwörter verwenden.
(3) Warum fühle ich mich so?
Hier geben Sie an, warum Sie sich gerade gut oder schlecht fühlen. Die Antwort soll sich nur auf die augenblickliche Stimmung beziehen. Bitte nennen Sie die wichtigsten Gründe, die Ihrer Meinung nach Ihre Stimmung beeinflusst oder hervorgerufen haben.

(4) Wo bin ich?
Hier geben Sie möglichst genau an, wo Sie sich zum angegebenen Zeitpunkt befinden, z. B. in der Wohnung, auf der Straße etc.

(5) Was tue ich?
Geben Sie bitte in Stichworten an, was sie gerade tun. Damit sind sowohl Tätigkeiten als auch das einfache Nichtstun gemeint.

(6) Wer ist noch anwesend?
Hier nennen Sie Freunde, Bekannte, Fremde usw.

(7) Wie frei fühle ich mich in der Wahl meiner augenblicklichen Tätigkeit?
Bei dieser Frage sollen Sie aus den fünf angegebenen Möglichkeiten eine ankreuzen, um anzugeben, ob Sie das, was Sie gerade tun, frei wählen konnten, oder ob Sie von Personen oder Ihren Verpflichtungen dazu gedrängt wurden.

6. Können Sie Ihrem Tagebuch gegenüber ganz offen sein?
Ja, das ist sogar entscheidend wichtig! Sie sollen bei Ihren Aufzeichnungen ganz ehrlich sein können. Deshalb müssen Sie völlig sicher sein, dass Ihr Tagebuch niemand liest. Sie werden die beschriebenen Blättern nicht abgeben, sondern später selbst auswerten und einordnen, was Sie notiert haben. Nur diese Auswertungsblätter sind am Ende einer Untersuchungsphase ohne Namen abzugeben. Niemand wird wissen, von wem die Blätter stammen. Sie sollen in Ihrem Tagebuch wirklich ganz offen sein. Alles ist richtig, wenn Sie nur genau das aufschreiben, was Sie tatsächlich erleben und tun.
Gerade weil niemand kontrollieren kann, wie genau Sie das Tagebuch führen, sind wir ganz darauf angewiesen, dass Sie Ihre Eintragungen sorgfältig machen.

Ausschnitt aus einem Zufallskalender

Untersuchungsperson …						
1. Tag	1.30	4.30	10.45	14.15	17.30	23.15
2. Tag	3.00	5.00	10.30	13.30	16.45	22.15
3. Tag	1.15	7.30	8.45	14.45	16.45	22.00
4. Tag	2.45	6.15	9.30	14.15	17.00	22.00
5. Tag	2.30	7.15	11.30	12.30	17.15	21.30
6. Tag	1.30	5.15	8.30	13.15	19.45	23.00
7. Tag	0.30	6.15	11.30	15.45	18.45	20.30
8. Tag	0.15	4.15	10.15	14.45	17.15	20.00
9. Tag	2.30	6.15	9.45	14.00	16.15	22.15
10. Tag	0.45	7.30	11.15	14.00	17.00	23.50

Anweisung zum Ausfüllen des Datenblattes
Die Daten, die Sie in das Tagebuch eingetragen haben, müssen nun in Zahlen umgeformt werden. Dies ist notwendig, weil Sie die Tagebücher behalten sollen und nur Sie wissen, was Sie mit Ihren Eintragungen genau gemeint haben. Wir bitten Sie, die Übertragungsarbeit sehr sorgfältig und gewissenhaft auszuführen. Sonst wäre die ganze Mühe des Tagebuchführens umsonst gewesen.
Ordnen Sie bitte zuerst die Protokolle (Tagebuchblätter) der zeitlichen Reihenfolge nach. Jedes Datenblatt hat mehrere Zeilen. Eine Zeile entspricht einem Protokollzeitpunkt. Die Aufzeichnungen von einem Tag entsprechen sechs Zeilen im Datenblatt. In der folgenden Beschreibung wird Ihnen näher erläutert, was Sie in die Kästchen eintragen müssen.

- Lfnr.: Notieren Sie bitte hier die laufende Nummer, wie Sie auch auf den Tagebuchblättern steht.
- Tag: Tragen Sie hier bitte das Datum ein, aber nur Tag und Monat (z. B., wenn Sie am 30. Mai aufgeschrieben hätten, schreiben Sie 05.30).
- Sollzeit: Tragen Sie hier in die obere Hälfte die Zeit aus Ihrem Zeitplan ein (also die Zeit, zu der Sie die Eintragung machen hätten sollen). Tragen Sie die Zeit auch dann ein, wenn Sie geschlafen haben.
- Istzeit: Tragen Sie in der unteren Hälfte ein, wann Sie tatsächlich die Tagebucheintragung vorgenommen haben.
- Art: Tragen Sie in dieses Kästchen eine der folgenden Zahlen ein:
    1 – wenn auf dem Protokollblatt ein "R" steht;
    2 – wenn auf dem Protokollblatt ein "E" steht;
    3 – wenn auf dem Protokollblatt ein "EV" steht;
    4 – wenn auf dem Protokollblatt ein "V" steht.
- Befinden: Dieses Kästchen gehört zur ersten Frage auf dem Protokollblatt. Sie sollen Ihre Aufzeichnungen folgendermaßen gestalten:
    1 – wenn Sie Ihr Befinden mit "++" kennzeichneten;
    2 – wenn Sie Ihr Befinden mit "+" kennzeichneten;
    3 – wenn Sie Ihr Befinden mit "0" kennzeichneten;
    4 – wenn Sie Ihr Befinden mit "-" kennzeichneten;
    5 – wenn Sie Ihr Befinen mit "--" kennzeichneten.
- Zeit: Sie sollten sich hier die Frage stellen: liegt der Grund meines augenblicklichen Befindens in der Vergangenheit, Gegenwart und/oder in der Zukunft? Wir haben drei Kästchen vorgesehen, da für das augenblickliche Befinden oft mehrere Gründe vorhanden sein können, die nicht alle in der selben Zeit liegen müssen. Schreiben Sie also:
    1 – wenn der Grund in der Gegenwart liegt;
    2 – wenn der Grund in der Zukunft liegt;
    3 – wenn der Grund in der Vergangenheit liegt.
- Quellen des Befindens: Stellen Sie sich hier bitte die Frage: Welche Personen oder Dinge sind für mein Befinden verantwortlich. Auf dem Zuordnungsschema "Quellen des Befindens" finden Sie eine Reihe von Personen und Objekten angeschrieben. Vor jeder dieser Möglichkeiten finden sie eine Nummer, die Sie für die Übertragung verwenden sollen. In vielen Fällen sind zwei oder drei Quellen vorhanden. Geben Sie also bis zu drei (eine, zwei oder drei) Quellen in den vorgesehenen drei Kästchen an. Wenn Sie sich wohl oder unwohl fühlen, weil eine der angeführten Personen oder eines der Objekte nicht da sind, so versehen Sie die Nummer mit einem Minuszeichen.
- Motive des Befindens (Begründungen): Sie haben in Ihrem Tagebuch immer aufgeschrieben, warum Sie sich gut oder schlecht fühlen. Wir haben auf den Beiblättern "Motive-Gut" und "Motive-Schlecht" eine Reihe von solchen Motiven (Gründen) aufgeführt. Auf dem Beiblatt "Motive-Gut" finden Sie Gründe für gutes Befinden; wählen Sie jene(s) aus, das (die) am besten passt (passen). Auf dem Beiblatt "Motive-Schlecht " finden Sie Motive, die den Grund für schlechtes Befinden beschreiben. Wählen Sie immer eines, zwei oder drei Motive aus und tragen Sie die Nummer in die vorgesehenen Kästchen ein.
- Ort: Dieses Kästchen bezieht sich auf die Frage 4: "Wo bin ich?". Bitte geben Sie hier die Nummer des Ortes an, an dem Sie sich gerade befunden haben. Sie finden eine Aufzählung mit den Nummern auf dem Beiblatt "Orte".
- Tätigkeit: Gehört zur Frage "Was tue ich?" Wir haben zwei Kästchen vorgesehen, wo Sie die Tätigkeiten oder maximal zwei Tätigkeiten angeben sollten, die Sie gerade

ausgeführt haben. Die Nummern stehen neben den aufgezählten Tätigkeiten auf dem Beiblatt "Tätigkeiten".

- Personen: Die betreffende Frage war: "Wer ist noch anwesend?" Geben Sie in den drei Kästchen an, welche Person(en) mit Ihnen zusammen war(en) oder ob Sie allein waren. Die Personen und die dazugehörenden Nummern sind auf dem Beiblatt "Personen" angeschrieben.

- Freiheit: Tragen Sie bitte ein, was Sie zur Frage "Wie fühle ich mich in der Wahl meiner augenblicklichen Tätigkeit?" angekreuzt haben:

  1 – sehr frei
  2 – frei
  3 – weder frei noch unfrei
  4 – unfrei
  5 – sehr unfrei

- Eigenschaftsworte: Hier tragen Sie bitte jene Worte ein, die Sie bei Frage 2: "Wie könnte ich meine augenblickliche Stimmung genauer beschreiben?" auf das Tagebuchblatt geschrieben haben.

- NB: Bitte vergessen Sie nicht, Ihren Code auf das Datenblatt zu schreiben.

Datenerhebungsbogen

Code: /../../../

Lfnr.	Tag	Sollzeit / Istzeit	Art	Befinden	Zeit	Quellen	Motive	Ort	Tätigkeiten	Personen	Freiheit	Eigenschaftsworte

Beispiele für Zuordnungsschemata (Auszug)

Quellen des Befindens
(1) Selbst
(2) Ehepartner/Partner
(3) Kinder
.
.
(56) Politik
(57) Traum

Orte
(1) Wohnzimmer
(2) Küche
(3) Schlafzimmer
.
.
(43) Pferdestall
(44) Werkstatt

Tätigkeiten
(1) Nichtstun
(2) rasten
(3) essen
.
.
(45) Koffer packen
(46) Film entwickeln

Anwesende Personen
(1) Selbst
(2) Ehepartner/Partner
(3) Verlobter/Verlobte
.
.
(15) Schwiegereltern
(16) Arzt

Motive

Ich fühle mich gut, klar gut, weil ...
(2) mir eine Arbeit gut gelungen ist.

(4) ich abwechslungsreiche und neue Erfahrungen machen kann.
(6) ich tätig sein kann (auf eine bestimmte Leistung kommt es dabei nicht an).
(8) ich satt bin, ich es bequem habe, ich keine Schmerzen habe.

(10) ich mit anderen Menschen besammen sein kann.
(12) ich erlittene Kränkungen vergelten konnte.
(14) ich sexuell befriedigt bin.

(16) ich anerkannt und geachtet werde.

(18) ich vor mir selbst Achtung habe, egal ob ich von anderen anerkannt werde oder nicht.
(20) ich tun kann, was mir gefällt, ich brauche mich nicht nach den Anweisungen anderer richten.
(22) es mir gelingt, mich gegen andere zu behaupten.
(24) ich liebe und geliebt werde.

(26) ich Einfluss auf andere habe.
(28) ich für andere Menschen da sein und ihnen helfen kann.
(30) meine Umgebung ordentlich und sauber ist.
(32) ich etwas besser verstehe als vorher.
(34) ich meine Pflicht erfüllt habe; ich habe kein schlechtes Gewissen.
(36) mir mein Glaube Hilfe bietet.
(38) ich Schönes sehe oder höre.

Ich fühle mich schlecht, klar schlecht, weil ...
(1) ich mit dem Ergebnis meiner Arbeit unzufrieden bin.
(3) die Umgebung so eintönig und langweilig ist.
(5) ich meinen Tätigkeitsdrang nicht ausleben kann.
(7) ich hungrig oder durstig bin; weil meine Umgebung ungemütlich ist; weil ich Schmerzen habe.
(9) ich alleine bin und/oder keinen Kontakt finde.
(11) ich erlittenes Unrecht nicht vergelten kann.
(13) meine sexuellen Bedürfnisse nicht befriedigt werden.
(15) ich nicht so geachtet werde, wie ich es mir wünsche.
(17) ich an mir selbst und an meinem eigenen Wert zweifle.

(19) ich unfrei und abhängig bin.

(21) ich mich nicht durchsetzen kann.

(23) ich nicht so geliebt werde, wie ich gerne möchte.
(25) die anderen nicht auf mich hören.
(27) ich keine Gelegenheit habe, für andere zu sorgen.
(29) meine Umgebung unordentlich und schmutzig ist.
(31) ich etwas nicht verstehe.
(33) ich mir Vorwürfe mache.

(35) ich im Glauben keine Hilfe sehe.
(37) die Umgebung hässlich und unästhetisch ist.

2.2.4.3   Barometer der gesamtgesellschaftlichen Arbeitszufriedenheit

Arbeitszufriedenheit stellt einen Wert für den einzelnen Mitarbeiter, den Betrieb, aber auch für die Gesellschaft dar. Deshalb ist es nicht überraschend, wenn Interesse daran besteht festzustellen, ob die Arbeitszufriedenheit über die Zeit gestiegen oder gesunken ist und wie die Entwicklung weitergeht. Allerdings: Über die Zukunft liegen keine Fakten vor. Um trotzdem zuverlässige Vorausschau zu halten, werden Entwicklungen verschiedener Indices in der Vergangenheit analysiert; daraus wird auf zukünftige Veränderungen geschlossen. Je nach Interessensbereich werden bedeutsame Indikatoren für die Charakterisierung der aktuellen Lage berechnet, man analysiert deren Zusammenspiel und deren Abhängigkeit von anderen Gegebenheiten und antizipiert zukünftige Trends nach mehr oder minder theoretisch begründeten und empirisch belegten Modellen. Als Indikatoren werden zunehmend „weiche" Daten – subjektive Einstellungen, Beurteilungen und Erwartungen – als wertvoll befunden.

IFES, Institut für empirische Sozialforschung[1], und SORA, Institute for Social Research and Analysis in Wien[2], messen im Auftrag der Kammer für Arbeiter und Angestellte, Oberösterreich, seit 1997 periodisch die Arbeitszufriedenheit von unselbständig Erwerbstätigen. Der Arbeitsklimaindex, den IFES und SORA für unselbständig Erwerbstätige insgesamt und getrennt für Subgruppen berechnen, versucht periodisch den strukturellen Wandel in der Arbeitswelt und dessen Niederschlag auf die subjektive Befindlichkeit von Arbeitnehmern zu erfassen. Hier soll kurz über das anspruchsvolle Projekt der Messung eines „Arbeitsklimaindexes" berichtet werden.

Der Arbeitsklimaindex, als sensible Messsonde für die Veränderungen in der Arbeitswelt, versucht Umbrüche und langfristige Entwicklungen bereits in einem Frühstadium zu diagnostizieren, noch bevor sie von den „harten" Wirtschaftsindikatoren erfasst werden können. Das geschieht, indem vierteljährlich in einer repräsentativen Stichprobe rund 900 Beschäftigte in Österreich nach Einstellungen zur Arbeit und Erwartungen über zukünftige

Der Arbeitsklimaindex versucht Umbrüche und langfristige Entwicklungen bereits in einem Frühstadium zu diagnostizieren.

Entwicklungen und ihre Arbeitszufriedenheit befragt werden. Die österreichweiten Indexwerte bieten die Referenzwerte für die in interessierten Unternehmen erhobenen spezifischen Betriebsindices. Der Index setzt sich aus folgenden Variablen, die unterschiedlich gewichtet werden, zusammen:

---

1   Homepage: www.ifes.at
2   Homepage: www.sora.at

- Zufriedenheit mit
  der sozialen Position als Arbeitnehmer in der Gesamtbevölkerung,
  den Rechten der Arbeitnehmer gegenüber den Arbeitgebern,
  dem Ansehen des Unternehmens,
  dem Führungsstil der Vorgesetzten,
  den betrieblichen Sozialleistungen,
  der beruflichen Tätigkeit insgesamt,
  dem Leben insgesamt,
  der Arbeitzeitregelung,
  dem Einkommen,
  den Beziehungen zu den Kollegen,
  den Aufstiegs- und Entwicklungsmöglichkeiten,
  den Weiterbildungsmöglichkeiten und
  der Vereinbarkeit der Berufstätigkeit mit privaten Interessen und familiären Verpflichtungen
- Belastung durch
  Einsamkeit, Isolation am Arbeitsplatz,
  Zeitdruck,
  seelisch belastende und aufreibende Arbeit,
  schlechte Gesundheitsbedingungen am Arbeitsplatz,
  Unfall- und Verletzungsgefahr,
  technische und organisatorische Veränderungen und
  ständigen Wechsel der Arbeitsabläufe und -anforderungen.
- Erwartungen bezüglich der
  wirtschaftlichen Zukunft Österreichs,
  wirtschaftlichen Zukunft des Betriebes und
  Chancen, wieder eine annehmbare Arbeitsstelle zu finden

Die insgesamt 25 Fragen, die sich auf den Optimismus bezüglich der Gesellschaft allgemein, dem gesellschaftlichen Status, der wirtschaftlichen Zukunft, Führungsverhalten, Einkommen usw. beziehen, lassen sich analytisch in vier relativ trennscharfe Teilindices differenzieren: (a) Zufriedenheit mit den gesellschaftlichen Rahmenbedingungen, (b) mit dem betrieblichen Umfeld, in welchem eine Person tätig ist, (c) mit der Arbeit im engeren Sinn, wie sie organisiert ist und wie belastend sie wirken kann, und (d) in einen Index, der Erwartungen über Karriere und Arbeitsmarktchancen abbildet. Diese Teilindices, die sich wieder in 16 Subdimensionen auffächern lassen, ergeben schließlich den Gesamt-Arbeitsklimaindex. In Abbildung 17 ist die Indexentwicklung in den vergangen Jahren, getrennt für Angestellte, Arbeiter und Berufstätige im Öffentlichen Dienst, abgebildet. Die Normierung des Gesamtindex auf 100 erfolgte im ersten Halbjahr 1997, als der Index erstmals ausgewiesen wurde.

Abb. 17 Entwicklung des Arbeitsklimaindex in den vergangenen Jahren

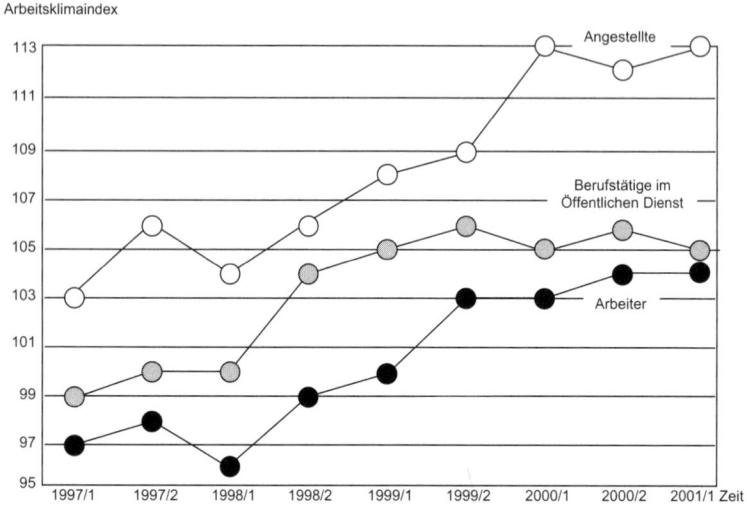

Arbeitsklimaindex

Die Messung des Arbeitsklimas erinnert an die Messung des Konsumklimas, die vor etwa fünf Jahrzehnten begonnen wurde und die Industriestaaten seit Jahren regelmäßig durchführen. Der Index der Konsumentenstimmung setzt sich zusammen aus der Einschätzung der Wirtschaftslage im vergangenen Jahr und Erwartungen bezüglich der Wirtschaftslage im kommenden Jahr, der Einschätzung der finanziellen Lage des eigenen Haushalts im vergangenen und Erwartungen für das kommende Jahr sowie der Einschätzung der Ratsamkeit größerer Anschaffungen zum gegenwärtigen Zeitpunkt.

Obwohl der Wert des Konsumklimas nicht zu bezweifeln ist, wurde das Messverfahren doch mehrfach kritisiert. Zum einen wird reklamiert, die Messung sei viel zu grob, als dass nützliche Daten für eine vernünftige Prognose gesammelt werden könnten; zum anderen wird befürchtet, dass zu wenige relevante Größen gemessen werden. Ähnlich könnte auch der Arbeitsklimaindex problematisiert werden.

Ein theoretisches Problem liegt in der Beziehung zwischen Einstellungen und Erwartungen. Im Arbeitsklimaindex und im Konsumklimaindex werden Variablen verarbeitet, die sich zum einen auf Meinungen und Bewertungen aktueller Zustände und Erfahrungen beziehen und zum anderen auf subjektive Erwartungen, also das individuelle Geschick, mögliche Entwicklungen aus aktuellen Informationen zu extrapolieren. Wenn es auch gelingt, Meinungen und Bewertungen sowie Erwartungen gültig zu messen – was an sich ein Problem darstellt, wie im Abschnitt über die Messung der Zufriedenheit beschrieben wurde –, wie sollten die Größen dann zu einem Index aggregiert werden? Auf Basis welcher theoretischen Überlegungen werden die Antworten auf die Fragen im Arbeitsklima zu einem einzigen Indikator verdichtet und bleiben die „Verdichtungsformeln" über die Zeit stabil?

Die Messung von Meinungen und die Bewertung von Erfahrungen ist problematisch. Trotzdem ist das Bestreben, die Zufriedenheit mit der Arbeit als gesamtgesellschaftliches Anliegen darzustellen und Veränderungen erfassbar zu machen, besonders zu würdigen. Auch für die Messung des Arbeitsklimaindex sollten Erkenntnisse aus der Anwendung von Tagebuchmethoden in Betracht gezogen werden, um viele Messprobleme, die der Zufriedenheitsmessung zu Grunde liegen, zu lösen.

2.3   Belastung und Stress

Die subjektiven Arbeitserfahrungen führen nicht nur zu Kompetenzerweiterung und Persönlichkeitsentwicklung, sondern werden auch positiv bewertet oder negativ erlebt und münden in Unbehagen, Belastung und Stress. Nachdem negative Stresserfahrungen (Distress) langfristig gesundheitliche Schäden bewirken, kommt der Belastung und dem Stress bei der Arbeitsbewertung besondere Relevanz zu. Stress (Eustress) kann auch positive Wirkungen haben, motivierend und stimulierend wirken. In diesem Kapitel ist allerdings unter „Stress" immer Distress gemeint.

2.3.1   Definition von Belastung und Stress

Der Begriff „Stress" wurde von Hans Selye (1974, 1978) popularisiert. Heute wird im Alltag häufig von Stress gesprochen und damit eine intensive Belastung, Frustration, emotionale Spannung, Daueraufmerksamkeit, Konzentration mit übermäßigem Druck, unmäßige Forderungen etc. gemeint. Richter und Hacker (1998) definieren Stress folgendermaßen:

„Stress" meint im alltäglichen Gebrauch eine intensive Belastung, Frustration, emotionale Spannung, Daueraufmerksamkeit, Konzentration mit übermäßigem Druck, unmäßige Forderungen etc.

„Stress (wird) verstanden als Reaktion auf als unannehmbar oder bedrohlich erlebte, konflikthafte Fehlbeanspruchungen, erwachsend aus starken Über- oder Unterforderungen der Leistungsvoraussetzungen bzw. dem Infragestellen wesentlicher Ziele einschließlich sozialer Rollen. Stressreaktionen sind kennzeichnend für Situationen, in denen es den Betroffenen weder gelingt, den belastenden Umständen auszuweichen, noch durch eigenes Handeln eine Situationsveränderung zu erreichen ..." (Richter und Hacker, 1998, S. 125)

Weinert (1998, S. 234) nennt folgende Komponenten in Stressdefinitionen, über die großteils Übereinstimmung besteht: (a) Stress wird durch einen Stimulus verursacht, der entweder physischer oder psychischer Natur sein kann, (b) die Person reagiert auf diesen Stimulus, (c) Stress wird in Verbindung gebracht mit Zwängen (die die Person daran hindern, etwas Erwünschtes zu tun) und Forderungen. Und schließlich werden zwei Bedingungen genannt, die notwendig sind, damit möglicher Stress zu wirklichem Stress werden kann: (d) Es muss Ungewissheit über das Ereignis herrschen und (e) das Ergebnis muss der Person wichtig sein.

Von diesen Komponenten ausgehend kommt Weinert zu einer Stressdefinition, die vor allem den adaptiven Aspekt hervorhebt:

Stress ist eine adaptive Reaktion, die durch interindividuelle Unterschiede herbeigeführt wird und/oder durch psychologische Prozesse, die von Umfeldaktivitäten, Situationen oder Ereignissen herrühren, die an eine Person übermäßige psychologische oder physische Anforderungen stellen. (Weinert, 1998, S. 234)

Stress bezieht sich auf Umweltgegebenheiten, auf die Person und die Wechselwirkung zwischen Person und Umwelt. Stressbegriffe, die sich auf die Umwelt beziehen und oft gleichbedeutend verwendet werden, sind „Belastung", „Belastungsfaktor", „Stressor" und „Stressfaktor". Solche Begriffe, die sich auf die Person beziehen, sind „Beanspruchung", „Beanspruchungsfolge", „Fehlbeanspruchung", „Stress" und „Stressreaktion".

Belastungen sind objektive, von außen auf den Menschen einwirkende Faktoren, die körperlicher, informatorischer oder psychosozialer Art sein können. Körperliche Belastungen sind etwa Lärm, Strahlung, Gewicht oder die Körperhaltung beim Heben von Gewichten; informatorische Belastungen sind zum Beispiel die Anzahl aufzunehmender Information, die Art der Informationsdarstellung usw.; psychosoziale Belastungsfaktoren können die Anzahl der Kunden oder das Kundenverhalten sein.

Belastungen sind objektive, von außen auf den Menschen einwirkende Faktoren.

Beanspruchungen sind hingegen subjektive Folgen derartiger Belastungen, die durch die subjektive Verarbeitung individuell gefärbt sind. Beanspruchungsfolgen entstehen, wenn die Anforderungen an die Arbeitstätigen nicht den **Beanspruchungen sind subjek-** jeweils individuellen Leistungsvorausset- **tive Folgen von Belastungen.** zungen entsprechen. Dabei können positive Beanspruchungsfolgen entstehen, wie Aktivierung, oder negative Folgen, wie Monotonie, Ermüdung, Sättigung oder Stress.

Eine Zusammenschau von Determinanten von Stress, interindividuellen Reaktionsweisen und Konsequenzen findet sich bei Weinert (1998, S. 237). Aus Abbildung 18 ist ersichtlich, dass physische Umweltfaktoren aversiv wirken können. Auf individueller Ebene können Probleme durch Rollenkonflikte verschiedener Art entstehen, etwa durch die Tatsache, dass bestimmte Erwartungen mit anderen Forderungen in Konflikt stehen, dass persönliche Werte nicht mit den unternehmerischen Anforderungen vereinbar sind etc. Auf Gruppenebene sind soziale Spannungen konfliktreich. Ein besonderer sozialer Stressor, der in den letzten Jahren viel Aufmerksamkeit erhalten hat, ist Mobbing. Auf Organisationsebene sind übliche Führungsprobleme belastend: Intransparenz, autoritäre Entscheidungen etc. können aversiv wirken. Extraorganisationale Stressoren sind Belastungen aus dem Privatbereich, z. B. der Familie, oder Belastungen aufgrund der politischen Lage oder wirtschaftlicher Verschlechterungen, z. B. drohende Arbeitslosigkeit, die auch auf die Arbeitserfahrungen einwirken. Reaktionen auf Stress können interindividuell unterschiedlich ausfallen. Beispielsweise kann eine Person mit Angst, Aggressivität oder Depression reagieren; sie kann mit Alkohol oder Drogen versuchen, die unangenehmen Spannungen zu lösen; es können schlechte Konzentrationsleistungen, Entscheidungsunfähigkeit, Fehleranfälligkeit oder physiologische Reaktionen, wie Bluthochdruck, Schwitzen etc. auftreten; schließlich kann die Arbeitszufriedenheit sinken, das organisatorische Commitment aufgelöst, die Loyalität zum Betrieb reduziert und „innerlich gekündigt" werden, wenn nicht soziale, emotionale und informationelle Unterstützung geboten wird.

Abb. 18 Quellen und Konsequenzen von beruflichem Stress (Weinert, 1998, S. 237)

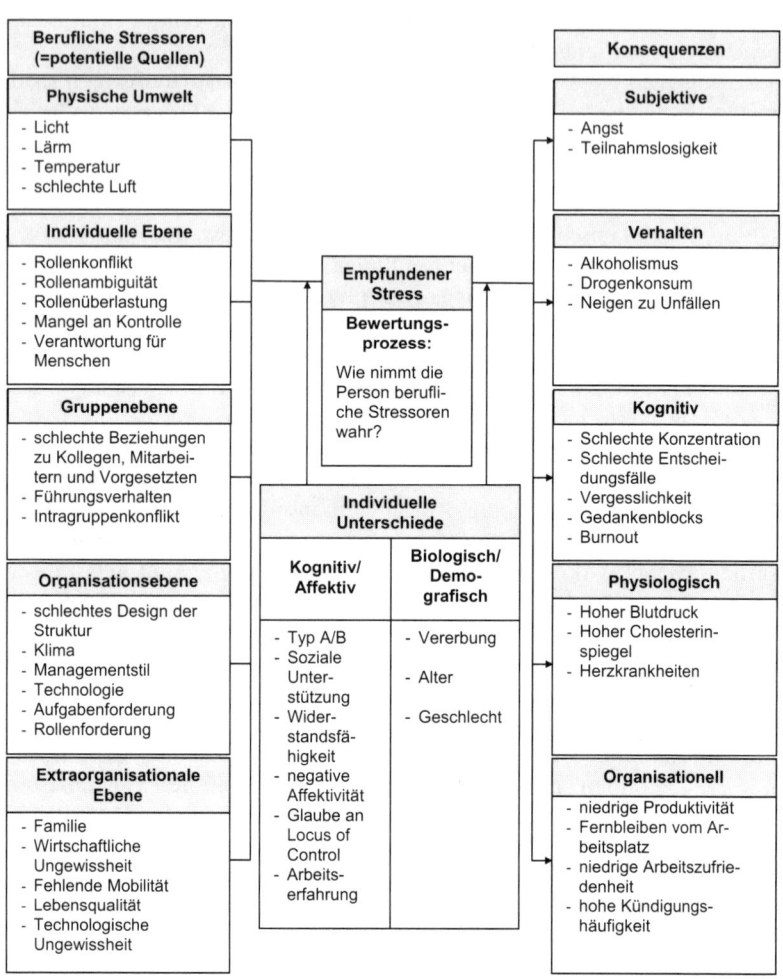

2.3.1.1   Exkurs: Mobbing

Mobbing stellt eine Extremform sozialer Stressoren dar. Soziale Stressoren, wie zwischenmenschliche Schwierigkeiten, Konflikte und Streitigkeiten mit

Vorgesetzten und Kollegen, können persönliche Animositäten betreffen oder Resultat des allgemein schlechten Arbeitsklimas sein und eine starke psychische Belastung darstellen. Trotzdem muss nicht von Mobbing die Rede sein. Wenn aber von Mobbing die Rede ist, dann muss häufig und über einen längeren Zeitraum eine Person von anderen bedrängt werden.

Bei Mobbing wird eine Person häufig und über einen längeren Zeitraum von anderen unter Druck gesetzt.

Mobbing stellt ein gewaltiges Problem in der Arbeitswelt dar, wenn die Berechnungen stimmen, wonach zwei bis acht Prozent der Belegschaft verschiedener Organisationen betroffen sind (siehe Frieling und Sonntag, 1999).

Leymann hat 1993 die Diskussion über Mobbing am Arbeitsplatz begonnen. Nach seiner Definition sind Mobbinghandlungen

„negative kommunikative Handlungen, die gegen eine Person gerichtet sind (von einer oder mehreren anderen) und die sehr oft und über einen längeren Zeitraum hinaus vorkommen und damit die Beziehung zwischen Tätern und Opfer kennzeichnen." (Leymann, 1993, S. 21; siehe Frieling und Sonntag, 1999, S. 215).

Die Ursachen von Mobbing können nach Frieling und Sonntag (1999)

1. in der Organisation selbst liegen. Probleme können Arbeitsstress und Unternehmenskultur darstellen. Arbeitsbelastung und organisatorische Mängel, die in einem zu engen Handlungsspielraum, in Rollenambivalenz, Zielunsicherheit etc. bestehen, und Führungsfehler können zu Mobbing beitragen. Insgesamt scheinen stresshafte organisatorische Merkmale Mobbinghandlungen zu begünstigen.

2. Mobbingursachen können auch in der Person der Angreifer lokalisiert sein. Vorgesetzte könnten daran interessiert sein, andere zu disziplinieren und gefügig zu machen; sie könnten Freude an der Machtausübung haben oder durch Kritik und Befehl ihre Kompetenz darstellen wollen. Sie könnten auch ihre Angst vor Autoritätsverlust und Machteinbuße im Betrieb oder vor der Aufdeckung von Schwächen durch Attacken bewältigen. Mitarbeiter hingegen könnten sich durch Mobbinghandlungen Vorteile im vielleicht bestehenden Konkurrenzkampf versprechen, sie könnten Intrigen entgegenwirken oder laxe Arbeitseinstellungen und geringe Effizienz durch Mobbinghandlungen sanktionieren. Mitarbeiter könnten auch fürchten, dass ihnen andere ihren Arbeitsplatz streitig machen oder dass ihre Leistung im Kontrast zu der anderer geschmälert wird. Ein Großteil der Mobbingopfer berichtet, dass eine bestimmte Person Mobbinghandlungen initiiert hat und andere dazu anstiftet.

3. In der sozialen Gruppe könnten Feindseligkeiten durch Neid, Konkurrenz um Vorteile und um die Gunst der Vorgesetzen verursacht werden.

4. Ursachen für Mobbinghandlungen können auch in der Person des Betroffenen liegen, beispielsweise in Persönlichkeitsmerkmalen, wie Arroganz, Distanzlosigkeit, Prahlerei und Taktlosigkeit; im mangelnden Leistungsvermögen, das durch mangelnde Kenntnisse, geringe Leistungsmotivation oder durch das Sprengen der in der Gruppe bestehenden, heimlichen Leistungsstandards zum Ausdruck kommt. Letztlich können auch Probleme der sozialen Anpassung, wie Missachtung von Gruppennormen, fehlende soziale Fähigkeiten und Stigmata durch Krankheit oder die äußere Erscheinung, Mobbinghandlungen verstärken.

5. Weitere Ursachen können die Antipathie zwischen Opfer und Tätern sein oder das raue wirtschaftliche und gesellschaftliche Klima, das Konflikte im Betrieb begünstigt.

Mobbing beginnt meist durch einzelne Gemeinheiten und Unverschämtheiten, die Konflikte auslösen können. Im Weiteren etabliert sich Mobbing durch Mobbinghandlungen, die regelmäßig über einen längeren Zeitraum hinweg auftreten. Mobbinghandlungen sind Angriffe auf die Arbeit des Opfers, Angriffe auf die sozialen Beziehungen des Opfers durch soziale Isolation, Angriffe auf das Privatleben, auf persönliche Einstellungen, verbale Aggression und physische Gewalt oder das Verbreiten von Gerüchten. Opfer reagieren mit gesundheitlichen Problemen und mit Krankenstand. In dieser zweiten Phase erscheint es besonders wichtig, Gegenmaßnahmen zu den Mobbinghandlungen zu setzen. Handlungsmöglichkeiten bestehen darin, dass Verbündete zur Reflexion der Arbeitssituation gesucht werden, eigene Ziele zur Distanzierung, zum Beispiel durch Fehlzeiten oder Kuren, gesetzt werden, Attacken öffentlich gemacht werden und Mobbinghandlungen protokolliert, Gespräche mit Angreifern vor Zeugen geführt und auch gerichtliche Auseinandersetzungen nicht gescheut werden. Wird der Prozess nicht unterbrochen, beginnt die nächste Phase. In der dritten Phase wird eine „destruktive Personalverwaltung" insofern betrieben, als Vorgesetzte in das Geschehen eingreifen, sich auf die Seite der Täter stellen und häufig versuchen, das Mobbingopfer zu entlassen. Das Ende des Mobbingprozesses ist dann erreicht, wenn das Opfer ausgeschlossen wird. In Abbildung 19 aus Frieling und Sonntag (1999, S. 224) ist der Mobbing-Verlauf in Anlehnung an verschiedene Autoren dargestellt.

Zur Messung von Mobbinghandlungen wird meist der von Leymann (1996) entwickelte Fragebogen verwendet, in dem nach 45 Handlungen gefragt wird und Teilnehmer anführen, ob eine Handlung gegeben ist oder nicht. Von Mobbing wird dann gesprochen, wenn zumindest eine Handlung

Abb. 19 Mobbing-Verlauf (nach Frieling und Sonntag, 1999, S. 224)

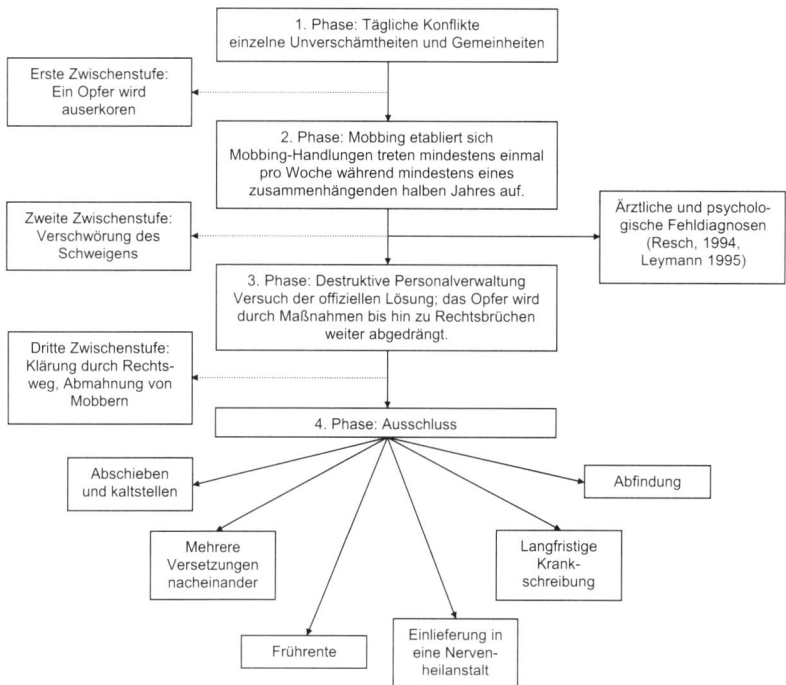

wöchentlich und über sechs Monate kontinuierlich ausgeübt wurde. Folgende Beispiele der Items beziehen sich auf Angriffe auf Mitteilungsmöglichkeiten (Items 1, 2), Angriffe auf die sozialen Beziehungen (Items 3, 4), Angriffe auf das soziale Ansehen (Items, 5, 6), Angriffe auf die Qualität der Berufs- und Lebenssituation (Items, 7, 8) und Angriffe auf die Gesundheit (Items 9, 10):

1. Ich werde ständig unterbrochen.
2. Kontaktverweigerung durch abwertende Blicke oder Gesten.
3. Man spricht nicht mehr mit mir.
4. Versetzung in einen Raum weitab von den Kollegen.
5. Hinter meinem Rücken wird schlecht über mich gesprochen.
6. Man zwingt mich, Arbeiten auszuführen, die mein Selbstbewusstsein verletzen.

7. Man weist mir keine Arbeitsaufgabe zu.
8. Man gibt mir sinnlose Aufgaben.
9. Zwang zu gesundheitsschädlichen Aufgaben.
10. Sexuelle Handgreiflichkeiten.

2.3.2   Stressmodelle

Frieling und Sonntag (1999), Semmer und Mohr (2001), Zapf und Dormann (2001) und Weinert (1998) beschreiben verschiedene Modelle der Wirkungsweise von Stress, Determinanten und Folgen, sowie Bewältigungsstrategien. Hier werden das „Allgemeine Adaptations-Syndrom" und das „Transaktionale Stressmodell" beschrieben. Weitere Modelle sind das „Anforderungs-Kontroll-Modell", das „Person-Environment-Fit-Model" sowie Rollenkonfliktmodelle oder Stress durch Beeinträchtigung der Handlungsregulation. Zum einen wird postuliert, dass mit zunehmenden Arbeitsanforderungen auch der Entscheidungsspielraum zunehmen muss. Entsprechen Anforderungen und Entscheidungsspielraum einander nicht, entsteht Stress dann, wenn der Entscheidungsspielraum zu eng ist. Bei großem Spielraum können hohe Anforderungen eine Herausforderung bedeuten und damit anregend wirken. Zum anderen wird angenommen, dass die Anforderungen aus der Umwelt den Fähigkeiten der Person entsprechen müssen; ein „misfit" wird als Ursache von Stress angesehen. Aus dem Person-Umwelt-Fit-Ansatz resultiert auch die Forderung, potentiellen zukünftigen Mitarbeitern einen wirklichkeitsnahen, ungeschminkten Einblick in das zu geben, was ihn in der Organisation erwarten wird. In „realistic job previews" wird eine umfassende und realistische Information verlangt. In Modellen des Rollenstresses werden Unklarheit und Widersprüchlichkeit von Aufträgen, Ambiguität von Anforderungen oder Unvereinbarkeit von Werten als Probleme gesehen. Stress durch Beeinträchtigung der Handlungsregulation bezieht sich auf Hackers Handlungstheorie. Stress entsteht demnach dann, wenn zielgerichtete Handlungen auszuführen sind, aber aufgrund inadäquater operativer Abbildsysteme die Handlungsregulation misslingt. Operative Abbildsysteme dienen dazu, Handlungen auszurichten, zu korrigieren und Ziele als erreicht oder nicht erreicht beurteilen zu können. Ein nicht entsprechendes operatives Abbildsystem erlaubt nicht die Planung und Durchführung erfolgreicher Handlungsschritte und kann die klare Zieldefinition verhindern.

Nach dem „Allgemeinen Adaptations-Syndrom" von Selye (1974, 1978) reagiert eine Person auf einen Stressor mit Verteidigung, die in drei Phasen abläuft: Alarm, Widerstand und Erschöpfung. Die Verteidigungsreaktionen sind allgemein, weil sich Stressoren auf verschiedene Bereiche des Körpers auswirken; sie sind adaptiv, weil Schutzmechanismen ausgelöst werden, die dem Körper helfen, mit den aversiven Reizen umzugehen; und sie stellen ein Syndrom dar, weil die einzelnen Reaktionen einen Gesamtkomplex an Strategien bilden. In der Alarmphase reagiert eine Person auf Stressoren intensiv, oft panikartig und überlegt, wie sie mit den Stressoren fertig werden kann – durch Flucht oder Kampf. In der zweiten Phase wird Widerstand geleistet, aber auch schon Müdigkeit, Angst und Erschöpfung erlebt.

> **Nach dem „Allgemeinen Adaptations-Syndrom" reagiert eine Person auf einen Stressor mit Alarm, Widerstand und Erschöpfung.**

In der letzten Phase, der Erschöpfungsphase, ist die Widerstandsenergie aufgebraucht, eine Person gibt auf. Langanhaltende Stressoren schwächen das Immunsystem, Krankheiten werden wahrscheinlich und sogar der plötzliche Tod durch Herzschlag oder Schlaganfälle kann eine Folge sein. Weinert (1998, S. 235f) führt folgendes Beispiel einer Führungskraft an, die Stressoren ausgeliefert ist:

> Eine Führungskraft muss für den folgenden Tag einen längeren Bericht oder eine umfangreiche Budget-Planung anfertigen. Für den Fall, dass der Stressor extrem stark ist, mag sich die Person nicht in der Lage sehen, wirksam damit umzugehen. In den meisten Situationen allerdings wird die Person versuchen, alle ihre physischen und psychischen Kräfte zu sammeln, um den negativen Einflüssen des Stressors Widerstand zu leisten. Die Person wird sich deshalb nach einer Weile beruhigen und wird sich an die Arbeit machen. ... Für den Fall, dass es z. B. der Führungskraft gelingt, innerhalb der vorgegebenen Zeit – oder sogar früher – den Bericht oder die Budget-Planung abzuschließen, wäre mit dieser Widerstandsphase das ... (Allgemeine Adaptations-Syndrom) abgeschlossen (Weinert, 1998, S. 235f)

Nach dem Transaktionalen Stressmodell (Lazarus und Folkman, 1984) entsteht Stress infolge einer dynamischen Beziehung zwischen der Person und externen Ereignissen oder inneren Anforderungen, wie Ziele, Werte oder Aufgaben. Stress entsteht dann, wenn die Anforderungen die Anpassungsfähigkeiten oder Ressourcen der Person zu sehr beanspruchen oder übersteigen.

> **Nach dem Transaktionalen Stressmodell entsteht Stress dann, wenn die Anforderungen die Anpassungsfähigkeiten oder Ressourcen der Person zu sehr beanspruchen oder übersteigen.**

Dabei kommt der subjektiven Wahrnehmung und der kognitiven Bewertung der Divergenz zwischen den Anforderungen und Ressourcen große Bedeutung zu.

Die Beurteilung der aktuellen Situation wird als primäre Bewertung bezeichnet. Stressrelevante Beurteilungen der kritischen Situation sind (a) Schädigung oder Verlust, wenn bereits eine Verletzung etwa des Selbstwerts eingetreten ist; (b) Bedrohung, wenn eine Schädigung oder ein Verlust zwar noch nicht eingetreten ist, aber eintreten kann; (c) Herausforderung, wenn eine Situation als risikoreich und schwierig erlebt wird.

Nach der Einschätzung der Situation werden in einem sekundären Bewertungsprozess Bewältigungsmöglichkeiten und Ressourcen bedacht. Wenn ungenügende Bewältigungsmöglichkeiten zur Verfügung stehen, dann wird die kritische Situation als Bedrohung angesehen.

Im Anschluss an die Bewertungsprozesse werden Bewältigungsaktionen gesetzt.

Es sei betont, dass die Einteilung der kognitiven Bewertungen in primäre und sekundäre Bewertungsprozesse keine zeitliche Ordnung bedeutet und auch keine Reihung der Wichtigkeit der Prozesse. Primäre und sekundäre

Abb. 20 Transaktionales Stressmodell (nach Zapf und Dormann, 2001, S. 565)

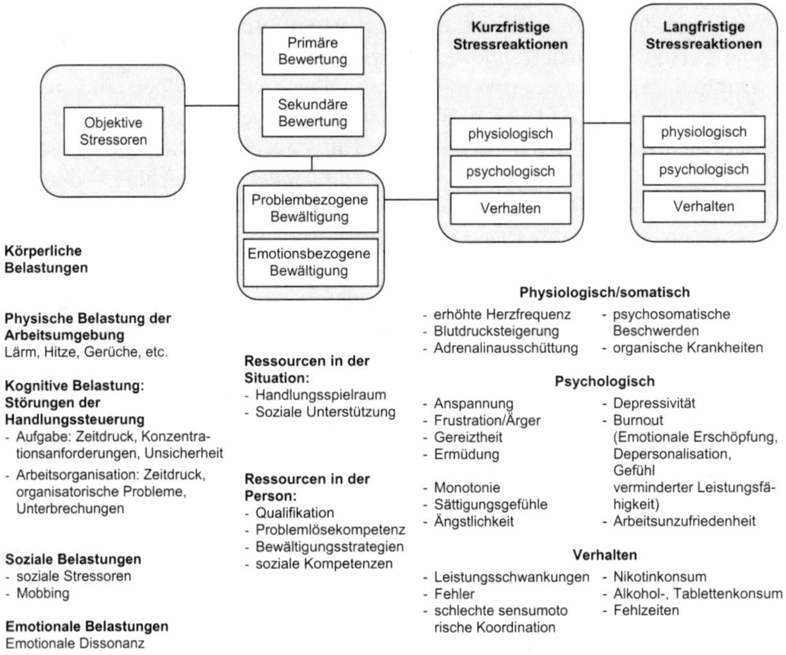
Objektive Stressoren
Primäre Bewertung
Sekundäre Bewertung
Problembezogene Bewältigung
Emotionsbezogene Bewältigung
Kurzfristige Stressreaktionen
physiologisch
psychologisch
Verhalten
Langfristige Stressreaktionen
physiologisch
psychologisch
Verhalten
Körperliche Belastungen
Physische Belastung der Arbeitsumgebung
Lärm, Hitze, Gerüche, etc.
Kognitive Belastung: Störungen der Handlungssteuerung
- Aufgabe: Zeitdruck, Konzentrationsanforderungen, Unsicherheit
- Arbeitsorganisation: Zeitdruck, organisatorische Probleme, Unterbrechungen
Soziale Belastungen
- soziale Stressoren
- Mobbing
Emotionale Belastungen
Emotionale Dissonanz
Ressourcen in der Situation:
- Handlungsspielraum
- Soziale Unterstützung
Ressourcen in der Person:
- Qualifikation
- Problemlösekompetenz
- Bewältigungsstrategien
- soziale Kompetenzen
Physiologisch/somatisch
- erhöhte Herzfrequenz
- Blutdrucksteigerung
- Adrenalinausschüttung
- psychosomatische Beschwerden
- organische Krankheiten
Psychologisch
- Anspannung
- Frustration/Ärger
- Gereiztheit
- Ermüdung
- Monotonie
- Sättigungsgefühle
- Ängstlichkeit
- Depressivität
- Burnout (Emotionale Erschöpfung, Depersonalisation, Gefühl verminderter Leistungsfähigkeit)
- Arbeitsunzufriedenheit
Verhalten
- Leistungsschwankungen
- Fehler
- schlechte sensumotorische Koordination
- Nikotinkonsum
- Alkohol-, Tablettenkonsum
- Fehlzeiten

Bewertungsprozesse beeinflussen einander wechselseitig. Weiters ist zu betonen, dass die kognitiven Prozesse nicht bedeuten, dass einerseits Umweltfaktoren wirksam werden, andererseits Reaktionen seitens der Person erfolgen, sondern ein Interaktionsprozess zwischen Umwelt und Person besteht. Reaktionen und Bewältigungsversuche seitens der Person bewirken im Sinne eines Rückkoppelungsprozesses Veränderungen in der Umwelt, die im fortlaufenden Interaktionsprozess zwischen Person und Umwelt wieder neu bewertet und beantwortet werden. Nach erfolgreicher Bewältigung einer bedrohlichen Situation werden ähnliche Probleme in Zukunft als weniger bedrohlich bewertet. Die Erfahrungen in einer aktuellen Situation beeinflussen somit auch die Bewertungen und Reaktionen in zukünftigen Situationen. Die graphische Darstellung des transaktionalen Stressmodells von Lazarus und Folkman findet sich in Abbildung 20 (Zapf und Dormann, 2001, S. 565).

2.3.3 Konsequenzen von Stress und Stressbewältigung

Stressfaktoren wirken interindividuell unterschiedlich und meist – zumindest wenn die Belastung längerfristig andauert – negativ. Abbildung 18 zeigt, dass die Konsequenzen subjektiv-psychisch sein können in Form von Angst und Teilnahmslosigkeit, Ermüdung, Sättigung, Monotoniegefühlen, Gereiztheit, Frustration und Ärger, dass sie im Verhalten zum Ausdruck kommen können durch Alkoholismus, Drogenkonsum, Unfallneigung, Leistungsschwankung etc. oder dass die Konsequenzen sich auf kognitiver Ebene durch schlechte Konzentrationsleistung, Vergesslichkeit oder Burnout manifestieren. Auf physiologischer Ebene sind oftmals erhöhte Herzfrequenz, erhöhter Blutdruck und Herz-Kreislauf-Erkrankungen zu beobachten. Organisatorische Probleme sind herabgesetzte Produktivität, Unzufriedenheit, verringertes Commitment und in der Folge erhöhte Fehlzeiten und Fluktuation. Frieling und Sonntag (1999) führen neben Alkoholismus und Burnout auch Arbeitssucht, Arbeitsflucht und Absentismus als Stressfolgen an.

Alle negativen Konsequenzen – Alkoholismus, Drogenkonsum oder Herz-Kreislauf-Erkrankungen usw. – bedeuten letztlich auf personeller, familiärer und organisatorischer Ebene gravierende Kosten.

Ein besonderes Problem ist der sogenannte Burnout-Effekt, der als Reaktion auf Stress in verschiedenen „helfenden Berufen" beschrieben wurde, wo hauptsächlich mit Klienten, Kunden etc. kommuniziert wird und der Arbeitstätige sich selbst als „Werkzeug" einsetzen muss (Maslach, 1976). Burnout oder „Ausbrennen" wurde als psychologischer Prozess bei

Der Burnout-Effekt wurde als Reaktion auf Stress in verschiedenen „helfenden Berufen" beschrieben.

Lehrern, Krankenpflegern usw. beschrieben, der sich aufgrund gleichbleibenden Arbeitsstresses entwickelt und in emotionaler Erschöpfung, Entpersönlichung und dem Gefühl, immer weniger zu leisten, endet. Maslach und Jackson (1986) beschreiben Burnout als Syndrom aus emotionaler Erschöpfung, Depersonalisation und reduzierter Leistungsfähigkeit, das bei Arbeitstätigen beobachtet werden kann, die in irgendeiner Weise mit Menschen arbeiten.

Burnout entsteht nicht durch ein spezielles Ereignis, sondern entwickelt sich in Verbindung mit negativen Einstellungen zur Arbeit, Zynismus und Langeweile, fehlendem Interesse an der Arbeit, dem Gefühl, nicht fähig zu sein, die Arbeitsziele zu erreichen, Unzufriedenheit und Misserfolgserlebnissen sowie mit der Neigung, die eigene Leistung minder zu schätzen und dem Wunsch, von der Arbeit davon zu laufen.

Burnout-Effekte werden häufig bei Personen beobachtet, die besonders engagiert ihre Arbeit verrichten und sich sowohl psychisch wie auch physisch ihrer Arbeit widmen. Üblicherweise führen Burnout-Effekte über folgende Stadien: Von hohem Involvement in die Arbeit zu Stagnation der Erfolge aufgrund hoher Erwartungen und Enttäuschungen, Distanzierung und Rückzug von der Arbeit bis zur Entwicklung von psychischen Verhaltenssymptomen. Abbildung 21 fasst modellhaft Ursachen und Folgen von Burnout zusammen.

Abb. 21 Burnout-Modell (Weinert, 1998, S. 249)

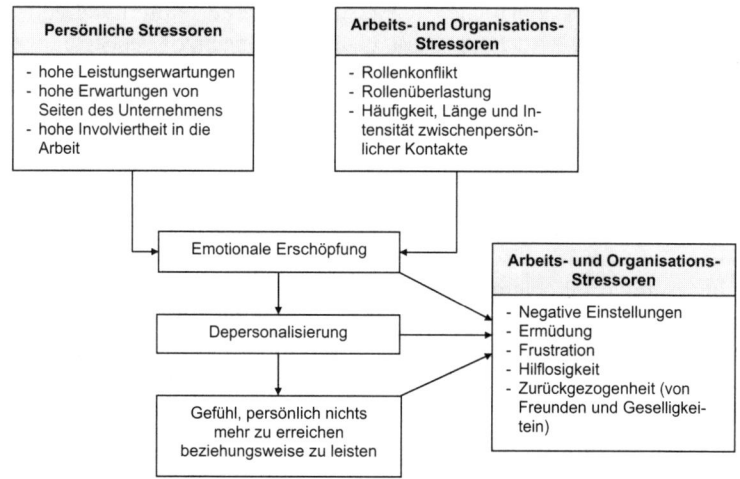

Das Maslach Burnout Inventory (Maslach und Jackson, 1986) ist das bekannteste Messinstrument, um emotionale Erschöpfung, Depersonalisation und Betroffenheit zu messen. Mittels Fragebogen werden folgende Konstrukte erfasst (Frieling und Sonntag, 1999, S. 231):

- emotionale Erschöpfung (z. B. „Ich fühle mich durch meine Arbeit ausgebrannt.")
- persönliche Erfüllung (z. B. „Ich habe das Gefühl, dass ich durch meine Arbeit das Leben anderer Menschen positiv beeinflusse.")
- Depersonalisation (z. B. „Ich glaube, dass ich manche Patienten so behandle, als wären sie unpersönliche Objekte.")
- Betroffenheit (z. B. „Ich fühle mich von den Problemen meiner Patienten persönlich betroffen.")

Die Stresserfahrungen und -folgen sind individuell unterschiedlich. Arbeitskräfte haben zum einen unterschiedliche Ressourcen, die ihnen mehr oder weniger effektive Möglichkeiten zur Stressbewältigung bieten. Zum anderen stehen Unterstützungsprogramme zur Verfügung, die zu einem erfolgreichen Umgang mit Stressfaktoren befähigen. Zapf und Dormann (2001) führen als sogenannte interne Ressourcen die berufliche Qualifikation, Problemlösungskompetenzen und soziale Kompetenzen an. Als wesentlichste externe Ressourcen beschreiben sie soziale Unterstützung in Form von emotionaler, informationeller und materieller Hilfe und Kontrolle, die synonym für Handlungsspielraum, Einflussmöglichkeiten, Freiheitsgrade oder Autonomie verwendet wird.

Organisatorische Maßnahmen gegen Stress und Folgen von Stress zielen darauf ab, Stressoren abzubauen und personelle Ressourcen zu erhöhen. Organisatorische Maßnahmen und die Entwicklung von Gesundheitsförderungskonzepten in Betrieben verlangen zuerst die Identifikation von Belastungsfaktoren mittels geeigneten Instrumenten. Beispielsweise werden zur Entdeckung von Belastungsfaktoren Arbeitsanalysen durchgeführt. Im Anschluss können geeignete Gestaltungsmaßnahmen und Personaltrainings durchgeführt werden. Personenbezogene Maßnahmen zielen auf Information über Stress und Wirkungen von Stress ab, haben Verhaltenstrainings zum Ziel und Programme zur kognitiven Stressbewältigung, lehren Entspannungstechniken, beinhalten Kompetenztrainings (z. B. Selbstsicherheits-, Konflikt-, Zeitmanagement- und Problemlösetrainings) und Trainings zur aktiven Veränderung der Arbeitssituation. Zapf und Dormann (2001, S. 569) stellen den Stressprozess und mögliche Interventionsmaßnahmen anschaulich wie in Abbildung 22 dar.

Abb. 22 Stressprozess und mögliche Interventionsmaßnahmen nach Zapf und Dormann (2001, S. 569)

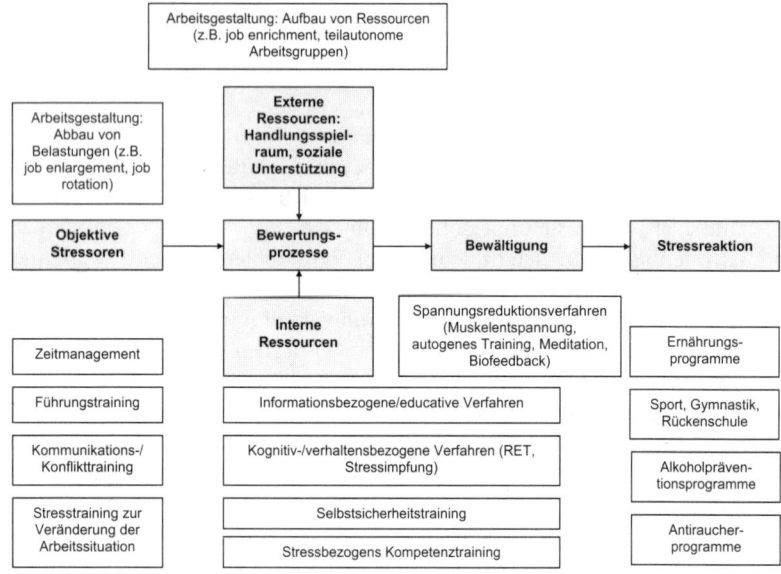

Maßnahmen zur Veränderung gesundheitsbeeinträchtigender und stress-auslösender betrieblicher Gegebenheiten und zur Schaffung von Einrichtungen, die Arbeitsmotivation, Zufriedenheit und Persönlichkeitsentwicklung ermöglichen, sind eine adäquate Gestaltung von Arbeitsplätzen, von Arbeitsabläufen usw. Betriebliche Projektgruppen nach dem Modell von Qualitätszirkeln können erfolgreich Mängel entdecken und praktische Veränderungsvorschläge entwickeln. Ein Ansatz zur Verbesserung sind sogenannte Gesundheitszirkel, die darauf abzielen, dass Mitarbeiter gemeinsam nach Problemen suchen, die für Qualitätseinbußen verantwortlich sind und Vorschläge zur Beseitigung erarbeiten. Mitarbeiter treffen sich regelmäßig, üblicherweise ohne Vorgesetzte, um Informationen über belastende Arbeitssituationen zu sammeln, krankmachende Arbeitsbedingungen zu identifizieren, Gestaltungsvorschläge zu erarbeiten und deren Umsetzung zu initiieren und eventuell auch zu evaluieren.

3 Arbeitsgestaltung

Leitfragen

- Was sind Primär- und Sekundäraufgaben im soziotechnischen System?
- Was ist unter Entscheidungs-, Gestaltungs- und Handlungsspielraum zu verstehen?
- Was ist korrektive, präventive und prospektive Arbeitsgestaltung?
- Welche Merkmale der Arbeitsgestaltung sind besonders relevant?
- Welche psychologischen Gestaltungskonzepte wurden entwickelt?
- Was meint F. Herzberg mit der Aussage „0 + 0 = 0"?
- Welche Vorteile bieten „Job enrichment" und teilautonome Arbeitsgruppen gegenüber früheren Gestaltungskonzepten?
- Gibt es einen „besten Weg" der Arbeitsausführung, der zu finden und trainieren ist?
- Was ist flexible, differentielle und dynamische Arbeitsgestaltung?
- Anhand welcher Dimensionen beschreibt G. Hofstede kulturelle Aspekte von Organisationen?

Die Arbeits- und Organisationspsychologie untersucht Auswahl- und Qualifizierungsprozesse der Mitarbeiter, erstellt Führungs- und Motivationsmodelle und erarbeitet Vorschläge zur Gestaltung der Koordination der Mitarbeiter. Ein weiteres zentrales Thema ist die Gestaltung der Arbeit. Die Gestaltungsvorschläge basieren auf der Analyse und Bewertung der Arbeit und folgen dem Zeitgeist beziehungsweise dem jeweils aktuellen Menschenbild.

Die Aufgaben der Arbeitsgestaltung sind nach Hacker (1980, 1998) folgende:

- Optimale Abstimmung der Aufgabenverteilung zwischen Mensch und Maschine, z. B. Bestimmung der Mechanisierungs- und Automatisierungserfordernisse, Modellierung menschlicher Informationsverarbeitung
- Gestaltung der Arbeitsmittel, z. B. Gestaltung des Signalfelds (Erleichterung der Wahrnehmung und Weiterverarbeitung), Gestaltung der Bedingungen des motorischen Eingriffs (Gestaltung der Bedienteile)
- Gestaltung der Arbeitsorganisation und Fertigungsverfahren, z. B. Teilung oder Kombination von Aufgaben, Durchschaubarmachen des Arbeitsprozesses
- Grundlagen der Arbeitsbemessung und Stimulierung, z. B. Ermittlung der psychischen und physischen Beanspruchungen und Belastungen, Pausengestaltung
- Gestaltung der Arbeitsumgebung, z. B. Untersuchung von Umgebungseinflüssen (Licht, Klima, Lärm, etc.)

Die angeführten Gestaltungsbereiche beziehen sich vor allem auf die Arbeitsumgebung in der Industrie, auf ergonomische Aspekte, auf die Gestaltung der Mensch-Maschine-Interaktion. In diesem Beitrag werden Fragen der Ergonomie, der Mensch-Maschine-Interaktion und der Umgebungsbedingungen nicht berührt. Allerdings bietet die Handlungstheorie, wie sie im Kapitel „Arbeitsanalyse" skizziert wurde, eine besonders brauchbare, praktische Basis für die Bewertung der Arbeit und Entwicklung von Verbesserungsvorschlägen. Frieling und Sonntag (1999) nehmen auf die Gestaltung der Arbeitsumgebung, des Arbeitsplatzes und der Arbeitsmittel sowie auf die Gestaltung der zeitlichen und organisatorischen Bedingungen der Arbeit im Detail Bezug.

Auch neue Formen der Arbeit, wie gleitende Arbeitszeiten, Job sharing, virtuelle Kooperation oder Telearbeit, werden in diesem Kapitel nicht beschrieben. Betriebe führen zunehmend alternative Arbeitszeitmodelle ein, die Verbesserungen, aber auch Nachteile für die Mitarbeiter bringen. Bezüglich der Arbeitsgestaltung bedeuten vor allem Möglichkeiten, zu Hause zu arbeiten und die Zeit für die Arbeit und Freizeit frei wählen zu können, chancenreiche Herausforderungen. Allerdings muss es gelingen, die Sozialkontakte zu den Arbeitskollegen zu halten, die Identität mit dem Betrieb aufrechtzuerhalten und einen Arbeitsplatz zu schaffen, der erfolgreiche Arbeit möglich macht.

Menschliche Arbeitstätigkeit findet mehrheitlich in Arbeitssystemen statt. Arbeitssysteme sind durch die Wechselwirkung zwischen sozialen und technischen Komponenten bestimmt und werden als soziotechnische Systeme bezeichnet. Die Gestaltung der Arbeit muss sich insgesamt auf die Optimierung des soziotechnischen Systems konzentrieren. Soziotechnische Systeme sind offene und dynamische Systeme, d. h. sie erhalten Inputs aus der Umwelt und geben Outputs an diese ab, wobei dies unter informationellen, normativen, materiellen und energetischen Aspekten gilt. Das soziale Teilsystem besteht „aus den Organisationsmitgliedern mit ihren individuellen und gruppenspezifischen Bedürfnissen physischer und psychischer Art, insbesondere deren Ansprüchen an die Arbeit sowie ihren Kenntnissen und Fähigkeiten", das technische Teilsystem „aus den Betriebsmitteln, den Anlagen und deren Layout, generell aus den technologischen und räumlichen Arbeitsbedingungen, die als Anforderungen dem sozialen System gegenüberstehen" (Alioth, 1980, S. 26). Die Verknüpfung dieser Teilsysteme erfolgt durch die Arbeitsrollen, die einerseits die Funktionen der Beschäftigten im Produktionsprozess festlegen und andererseits die erforderlichen Kooperationsbeziehungen zwischen den Beschäftigten bestimmen (Ulich, 2001).

Arbeitssysteme sind durch die Wechselwirkung zwischen sozialen und technischen Komponenten bestimmt.

Analyse- und Gestaltungseinheit muss unter diesem Gesichtspunkt das gesamte soziotechnische System sein, unter Berücksichtigung beider Teilsysteme. Dabei wird an der Primäraufgabe angesetzt, das ist jene Aufgabe, zu deren Lösung das System geschaffen wurde. Allerdings wird es mit fortschreitender Technologieentwicklung auch immer wichtiger, die Sekundäraufgaben, wie Systemerhaltung und Koordination, zu beachten. Soziotechnische Systemgestaltung postuliert explizit die Notwendigkeit einer gemeinsamen Optimierung von Technologieeinsatz, Organisation und Einsatz von Humanressourcen. Abbildung 23 veranschaulicht soziotechnische Systeme mit Primär- und Sekundäraufgaben (Ulich, 2001, S.187).

Eine nach soziotechnischen Konzepten entwickelte Arbeitsorganisation sollte durch folgende Strukturmerkmale gekennzeichnet sein:

(1) Relativ unabhängige Organisationseinheiten: Mehreren Personen, einer Gruppe werden ganzheitliche Aufgaben übertragen, so dass sie aufgrund ihrer Unabhängigkeit und der Ganzheitlichkeit der Aufgaben in der Lage sind, Störungen am Entstehungsort zu erkennen, aufzufangen und ihnen entgegenzuwirken.

(2) Aufgabenzusammenhang innerhalb der Organisationseinheit: Die Teilaufgaben einer Organisationseinheit müssen als inhaltlich zusammengehörig wahrgenommen werden, um das Bewusstsein einer gemeinsamen Aufgabe zu schaffen.

(3) Einheit von Produkt und Organisation: Eine Organisationseinheit muss ein Produkt schaffen, das ihr zugeordnet werden kann. Dies ermöglicht Identifizierung mit dem Produkt und Verantwortungsübernahme.

Abb. 23 Primär- und Sekundäraufgaben in soziotechnischen Systemen (Ulich, 2001, S. 187)

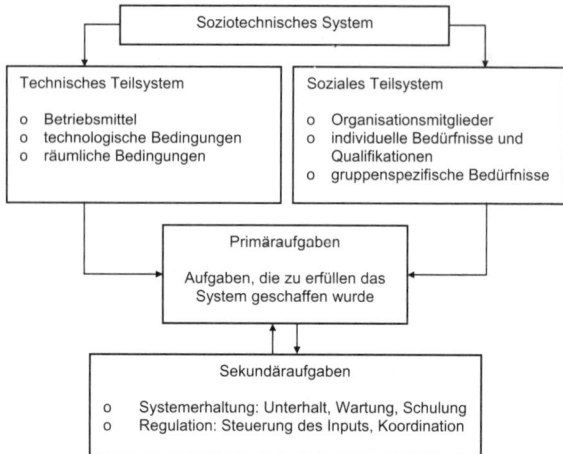

Bisher wurde von einer Optimierung von Arbeitsbedingungen und des gesamten soziotechnischen Systems gesprochen. Ulich (2001) betont vor allem, dass die Arbeitstätigkeit so gestaltet werden muss, dass sie eine „vollständige Aufgabe" darstellt.

Die Möglichkeiten, Einfluss auf die eigenen Angelegenheiten zu nehmen, über möglichst viele Aspekte des eigenen Lebens, damit auch der Arbeit, selbst zu entscheiden oder zumindest mit zu entscheiden, zählen zu den Kriterien einer menschenwürdigen Lebensführung und persönlichkeitsfördernden Arbeitsgestaltung. Im Rahmen der Arbeitsgestaltung werden diese Notwendigkeiten mit verschiedenen Schlagworten angesprochen. Die Rede ist von Erweiterung des Entscheidungsspielraums der Tätigkeiten zur Förderung der Autonomie, von Erweiterung des Gestaltungsspielraums von Handlungen zum Zwecke größerer Variabilität, von Erweiterung des Handlungsspielraums bei der Wahl von Operationen zur Erhöhung der Flexibilität, von Vergrößerung der „Job decision latitude", von Freiheitsgraden, der Ausdehnung der subjektiven Kontrolle, des Tätigkeitsspielraums etc. Gelegentlich wird auch eine Erweiterung des Kontaktspielraums gefordert. Insgesamt sei betont, dass die Möglichkeit, auf die eigenen Angelegenheiten und damit auch auf die Arbeit Ein-

Die Möglichkeit, die eigene Arbeit zu gestalten und Entscheidungen zu treffen, ist ein wesentliches Kriterium persönlichkeitsförderlicher Arbeit.

fluss zu nehmen und Entscheidungen zu treffen, ein wesentliches Kriterium menschenwürdiger Lebensführung und persönlichkeitsförderlicher Arbeitsgestaltung dargestellt.

Ulich (2001) spricht in Anlehnung an die Handlungstheorie vom Tätigkeitsspielraum, der sich aus Handlungs-, Gestaltungs- und Entscheidungsspielraum zusammensetzt und optimal gestaltet werden soll:

- Der Handlungsspielraum beinhaltet die Summe der Freiheitsgrade, das heißt, der Möglichkeiten zum unterschiedlichen aufgabenbezogenen Handeln. Die Wahlmöglichkeit der Verfahren, der Mittel und der zeitlichen Organisation von Aufgaben definiert den Handlungsspielraum. Ulich (2001, S. 175) führt weiter aus: „Der objektive Handlungsspielraum umfasst die vorhandenen, der subjektive Handlungsspielraum die als solche erkannten diesbezüglichen *Wahlmöglichkeiten*. Der Handlungsspielraum bestimmt also das Ausmaß an möglicher *Flexibilität* bei der Ausführung von Teiltätigkeiten bzw. Teilhandlungen".

- Der Gestaltungsspielraum beschreibt das Ausmaß, in dem die Möglichkeit zur selbständigen Gestaltung von Vorgehensweisen entsprechend eigenen Zielen besteht. „Unterschiede im Gestaltungsspielraum kennzeichnen also das Ausmaß an *Variabilität* von Teiltätigkeiten oder Teilhandlungen" (Ulich, 2001, S.175).

- Der Entscheidungsspielraum definiert das Ausmaß der Entscheidungskompetenz in der Festlegung und Abgrenzung von Aufgaben. Der Entscheidungsspielraum beschreibt somit das mit einer Tätigkeit verbundene Ausmaß an *Autonomie*.

Abb. 24 veranschaulicht die relevanten Inhalte der verschiedenen Spielräume und den Bezug zur Handlungstheorie.

Abb. 24   Tätigkeitsspielraum und Bezug zum Tätigkeitsmodell der Handlungstheorie (Ulich, 2001, S. 176)

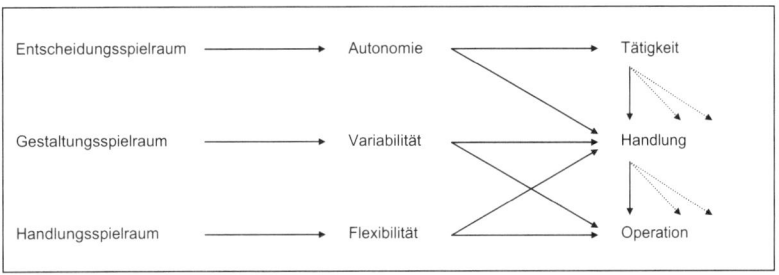

3.1 Strategien der Arbeitsgestaltung

Arbeitssysteme und Arbeitsabläufe müssen immer wieder adaptiert beziehungsweise verändert werden, damit sie nicht in Widerspruch zu arbeitswissenschaftlich gesicherten Erkenntnissen stehen. Die Veränderung von Zuständen, die sich aus der mangelhaften Berücksichtigung von arbeitswissenschaftlichen Erkenntnissen ergeben, werden als korrektive Strategien der Arbeitsgestaltung bezeichnet. Ziel ist die Korrektur erkannter Mängel. Es geht um die Korrektur erkannter Mängel ergonomischer, physiologischer, psychologischer, sicherheitstechnischer oder rechtlicher Art, die von Planern, Konstrukteuren, Anlagenherstellern, Softwareentwicklern, Organisatoren etc. verursacht wurden. Im Gegensatz dazu wird von präventiver Gestaltung gesprochen, wenn arbeitswissenschaftliche Erkenntnisse bereits im Entwurf von Arbeitssystemen und Abläufen berücksichtigt werden. Ziel ist die vorwegnehmende Vermeidung gesundheitlicher Schädigungen und psy-

Tab. 13   Beispiele für korrektive, präventive und prospektive Arbeitsgestaltung (Ulich, 1993, S. 189-190)

Beispiele für korrektive Arbeitsgestaltung in Zusammenhang mit computergestützter Büroarbeit sind etwa
- das *nachträgliche* Anbringen von Filtern zur Vermeidung von Spiegelungen auf dem Bildschirm;
- die Beschaffung ergonomisch optimaler Arbeitsstühle, *nachdem* Nacken- und Rückenbeschwerden aufgetreten sind und eine entsprechende ärztliche Bescheinigung vorgelegt wurde;
- das Abdecken von Druckern durch Schallschutzhauben *aufgrund nicht vorhergesehener* Konzentrations- und Kommunikationsstörungen durch Druckerlärm.
Beispiele für präventive Arbeitsgestaltung in Zusammenhang mit computergestützter Büroarbeit sind
- die Beschaffung geeigneten Mobilars, *bevor* Beschwerden auftreten können, d. h. vor oder spätestens bei der Einführung von Bildschirmsystemen;
- räumliche Trennung von Bildschirmsystem und Drucker, damit unnötige Beeinträchtigungen von Konzentration und Kommunikation *von vornherein* vermieden werden können;
- systematischer Wechsel zwischen Tätigkeiten mit und ohne Computerunterstützung, damit die für ununterbrochene Bildschirmarbeit typischen einseitigen Belastungen *nicht erst entstehen.*
Beispiele für prospektive Arbeitsgestaltung in Zusammenhang mit computergestützter Büroarbeit sind
- das Angebot verschiedener Dialog-, Unterstützungs- und Bildaufbauformen, zwischen denen die Benutzer *auswählen* können;
- Entwicklung programmierbarer Software-Systeme beziehungsweise adaptierbarer Benutzerschnittstellen, die die Benutzer ihren Bedürfnissen und Qualifikationen entsprechend nutzen und *anpassen* können;
- Angebot verschiedener Formen der Arbeitsteilung zwischen Sachbearbeitern und Sekretären, zwischen denen die Betroffenen *wählen* und die sie gegebenenfalls *verändern* können.

chosozialer Beeinträchtigungen bereits beim Entwurf von Arbeitssystemen und Arbeitsabläufen. Wird hingegen auch berücksichtigt, wie persönlichkeitsförderliche Arbeitstätigkeiten gestaltet werden können, findet prospektive Arbeitsgestaltung statt. In diesem Fall geht es um die Schaffung von Möglichkeiten der Persönlichkeitsentwicklung im Stadium der Planung beziehungsweise des Entwurfs oder der Neustrukturierung von Arbeitssystemen durch die Berücksichtigung objektiver Handlungs- und Gestaltungsspielräume, die von den Beschäftigten in unterschiedlicher Weise genutzt und nach Möglichkeit auch erweitert werden können. Ulich (1993, S. 189f) bringt einige Beispiele für die unterschiedlichen Gestaltungsstrategien.

3.2 Merkmale der Aufgabengestaltung

Die Arbeitsaufgaben bilden den Schnittpunkt zwischen Organisation und Arbeitskraft. Der Betrieb mit dem Ziel, Aufgaben zu bewältigen, und der Mensch als Ausführender der Arbeiten bilden eine Einheit, die über die Arbeit definiert ist. Deshalb wird von Handlungstheoretikern die Aufgabe als zentraler, psychologisch relevantester Teil zum Verständnis der Arbeitsausführung und -gestaltung angesehen.

Der Arbeitsauftrag und die subjektive Interpretation, die Arbeitsaufgabe, hat eine zentrale Bedeutung in der psychologischen Gestaltung von Arbeitstätigkeiten. Es stellt sich die Frage, wie Aufgaben gestaltet sein müssen, damit zum einen der Arbeitsprozess persönlichkeitsförderlich und zum anderen die Motivation zur Erfüllung der Aufgabe gegeben ist, ohne dass ständig extrinsische Anreize gesetzt werden müssen. Die Aufgabe muss so beschaffen sein, dass sie bei der ausführenden Person eine klare Hinwendung zur und Konzentration auf die Tätigkeit fördert, dass also Aufgabenorientierung gegeben ist.

Ulich (1993) führt die Voraussetzungen an, die Emery (1959) von Aufgaben für das Entstehen von Arbeitsorientierung verlangt. Danach muss die arbeitende Person (a) Kontrolle über die Arbeitsabläufe und die dafür benötigten Hilfsmittel haben. Das heißt, eine Person muss die Freiheit wahrnehmen, zwischen verschiedenen Möglichkeiten auszuwählen und auf Abläufe im Arbeitsprozess Einfluss nehmen zu können. (b) Weiters müssen die strukturellen Merkmale der Aufgabe so beschaffen sein, dass sie in der arbeitenden Person Kräfte zur Vollendung oder Fortsetzung der Arbeit auslösen, dass also ein Potential an intrinsischer Motivation gegeben ist. Wenn von Arbeitsgestaltung in diesem Sinne die Rede ist, wird vor allem die Gestaltung der Aufgabe berücksichtigt; selbstverständlich ist auch wesentlich, welche Kompetenzen eine Arbeitskraft besitzt. Mit anderen Worten: Aufgabenorientierung wird einerseits durch Wissen und Kompetenz gefördert, die jemand in die Aufgabenbearbeitung einbringt, weiters durch die Kontrolle über Arbeitsabläufe und benötigte Hilfsmittel sowie durch Anreize und Herausforderungen, die in der Arbeit als solcher stecken und motivierend wirken.

Nach Emery und Thorsrud (1982) sind fünf Gestaltungsmerkmale relevant, um Motivation, Qualifikation und Flexibilität zu sichern: Ganzheitlichkeit der Aufgabe, Anforderungsvielfalt, Möglichkeiten zur sozialen Interaktion, Autonomie und Lern- und Entwicklungsmöglichkeiten. Tabelle 14 fasst die fünf Merkmale der Aufgabengestaltung, Ziele und Wege der Realisierung zusammen. Zudem sind zwei weitere Merkmale – Zeitelastizität und stressfreie Regulierbarkeit und Sinnhaftigkeit – genannt, die Ulich (2001) ergänzend anführt.

Tab. 14   Merkmale der Aufgabengestaltung, Ziele und Wege der Realisierung (Ulich, 2001, S. 194)

Gestaltungsmerkmal	Angenommene Wirkung	Realisierung durch ...
Ganzheitlichkeit	• Mitarbeiter erkennen Bedeutung und Stellenwert ihrer Tätigkeit • Mitarbeiter erhalten Rückmeldung über den eigenen Arbeitsfortschritt aus der Tätigkeit selbst	... Aufgaben mit planenden, ausführenden und kontrollierenden Elementen und der Möglichkeit, Ergebnisse der eigenen Tätigkeit auf Übereinstimmung mit gestellten Anforderungen zu prüfen
Anforderungsvielfalt	• Unterschiedliche Fähigkeiten, Kenntnisse und Fertigkeiten können eingesetzt werden • Einseitige Beanspruchungen können vermieden werden	... Aufgaben mit unterschiedlichen Anforderungen an Körperfunktionen und Sinnesorgane
Möglichkeiten der sozialen Interaktion	• Schwierigkeiten können gemeinsam bewältigt werden • Gegenseitige Unterstützung hilft Belastungen besser zu ertragen	... Aufgaben, deren Bewältigung Kooperation nahelegt oder voraussetzt
Autonomie	• Stärkt Selbstwertgefühl und Bereitschaft zur Übernahme von Verantwortung • Vermittelt die Erfahrung, nicht einfluss- und bedeutungslos zu sein	... Aufgaben mit Dispositions- und Entscheidungsmöglichkeiten
Lern- und Entwicklungsmöglichkeiten	• Allgemeine geistige Flexibilität bleibt erhalten • Berufliche Qualifikationen werden erhalten und weiter entwickelt	... problemhaltige Aufgaben, zu deren Bewältigung vorhandene Qualifikationen eingesetzt und erweitert bzw. neue Qualifikationen angeeignet werden müssen
Zeitelastizität und stressfreie Regulierbarkeit	• Wirkt unangemessener Arbeitsverdichtung entgegen • Schafft Freiräume für stressfreies Nachdenken und selbstgewählte Interaktionen	... Schaffen von Zeitpuffern bei der Festlegung von Vorgabezeiten
Sinnhaftigkeit	• Vermittelt das Gefühl, an der Erstellung gesellschaftlich nützlicher Produkte beteiligt zu sein • Gibt Sicherheit der Übereinstimmung individueller und gesellschaftlicher Interessen	... Produkte, deren gesellschaftlicher Nutzen nicht in Frage gestellt wird ... Produkte und Produktionsprozesse, deren ökologische Unbedenklichkeit überprüft und sichergestellt werden kann

Die Aufgabenmerkmale stimmen mit denen von Hackman und Oldham (1976), die von Ganzheitlichkeit, Vielseitigkeit, Bedeutung, Rückmeldung und Autonomie sprechen, so gut überein, dass von einem fundamentalen Prinzip der Gestaltung ausgegangen werden kann.

Wenn die Gestaltungskriterien optimal erfüllt sind, kann von „vollständigen Aufgaben" gesprochen werden. Die Charakteristika einer vollständigen Aufgabe fasst Ulich (2001) in Anlehnung an verschiedene Autoren wie folgt zusammen:

(1) Das selbständige Setzen von Zielen, die in übergeordnete Ziele eingebettet werden können,

(2) selbständige Handlungsvorbereitungen im Sinne der Wahrnehmung von Planungsfunktionen,

(3) Auswahl der Mittel einschließlich der erforderlichen Interaktionen zur adäquaten Zielerreichung,

(4) Ausführungsfunktionen mit Ablauffeedback zur allfälligen Handlungskorrektur,

(5) Kontrolle mit Resultatfeedback und der Möglichkeit, Ergebnisse der eigenen Handlungen auf Übereinstimmung mit den gesetzten Zielen zu überprüfen. (Ulich, 2001, S. 201)

3.3 Wege der psychologischen Arbeitsgestaltung

Überlegungen zur psychologischen Arbeitsgestaltung zielten darauf ab, die Monotonie von einfach strukturierten, routinemäßig auszuführenden Tätigkeiten aufzulösen. Durch geplanten Arbeitsplatzwechsel oder „Job rotation" wurde dieses Ziel erreicht. Das Konzept der Aufgabenerweiterung oder „Job enlargement" sieht hingegen die Ausdehnung einer Teilaufgabe auf einen etwas größeren Aufgabenbereich vor.

Psychologische Modelle der Arbeitsgestaltung wurden mit Herzbergs Forderungen nach angereicherten Arbeitsplätzen („Job enrichment"), die zufriedenheitsförderlich sind, eingeführt.

Sinnarme Arbeitsschritte ergeben auch dann kein sinnvolles Ganzes, wenn sie miteinander ausgetauscht werden: 0 + 0 = 0.

Durch die „psychologische Anreicherung" der Arbeit, vollständige Aufgaben und intrinsisch motivierende Aufgaben war es nicht mehr möglich, dass nur eine einzelne Person eine Aufgabe übernahm, sondern es musste in Gruppen gearbeitet werden. Das Konzept der teilautonomen Arbeitsgruppe sieht die Ausführung von vollständigen Aufgaben in der Gruppe vor. Im Folgenden werden die einzelnen Konzepte beschrieben:

1. *Geplanter Arbeitsplatzwechsel* (*„Job rotation"*): Bei dieser relativ anspruchslo-
   sen Form der Arbeitsplatzgestaltung tauschen Personen, die spezialisierte
   Tätigkeiten ausüben, aufgrund eigener Initiative oder nach einem vorbe-
   stimmten Rhythmus ihren Arbeitsplatz. Dadurch kann der Tätigkeitsspielraum erweitert werden, der Entscheidungsspielraum jedoch kaum.
   Vorteile bestehen darin, dass Monotonie, Übersättigung oder einseitige
   Belastung bestimmter Muskelgruppen vorgebeugt werden kann. Ein Ge-
   winn im Sinne von Humanisierungszielen kann kaum erzielt werden:
   Sinnarme Arbeitsschritte ergeben auch dann kein sinnvolles Ganzes,
   wenn sie miteinander ausgetauscht werden. 0 + 0 = 0, meinte Herzberg
   (1972) vor über drei Jahrzehnten.

2. *Aufgabenerweiterung* (*„Job enlargement"*): Arbeitstätige rotieren nicht zwischen verschiedenen stark spezialisierten Arbeitsplätzen, sondern üben
   innerhalb ihrer Arbeitsplätze mehrere Tätigkeiten aus, die bislang von
   unterschiedlichen Arbeitskräften verrichtet wurden. Auch dadurch kann
   der Tätigkeitsspielraum erweitert werden, der Entscheidungsspielraum
   aber kaum. Wenn beispielsweise in einer Verwaltungsbehörde von einem
   Spezialisten nicht nur wenige Spalten in einem Antragsformular durch-
   gearbeitet werden, sondern das gesamte Formular, dann ist die Arbeit
   zwar erweitert, aber psychologisch nicht angereichert worden.

3. *Aufgabenanreicherung* (*„Job enrichment"*): Während mit Job enlargement
   eine horizontale Erweiterung der Arbeit angestrebt wird, ist unter Job enrichment eine vertikale Ausdehnung gemeint, die nicht nur die Ablaufor-
   ganisation, sondern auch die Aufbauorganisation betrifft. Job enlargement sieht vor, mehrere strukturell gleichartige oder ähnliche einfache
   Aufgabenelemente aneinander zu reihen und dadurch den Arbeitszyklus
   zu vergrößern. Mit Job enrichment wird hingegen versucht, nicht nur die
   Ablauf-, sondern auch die Aufbauorganisation der Arbeit neu zu gestalten. Dazu ist es notwendig, Beschäftigten ein bestimmtes Ausmaß der
   Kontrolle zu übertragen, also die tayloristische Trennung zwischen Kopf-
   und Handarbeit zu überwinden.
   Aufgabenanreicherung bezieht sich vor allem auf die Neugestaltung von
   Motivationsfaktoren im Sinne von Herzberg et al. (1959). Die Verbesserung nicht nur der Kontext-, sondern auch der Kontentaspekte der Arbeit bringt Produktivitäts- und Qualitätssteigerungen und führt zur Reduktion von Fluktuationsraten und Fehlzeiten. Firmen, die früh Konzepte des Job enrichment praktizierten, waren IBM, Sears Roebuck, Detroit
   Edison Company, Texas Instruments, Ford, AT&T, Imperial Chemical In-
   dustries, Philips, etc.

Das Konzept des Job enrichment führt zur Forderung nach vollständigen Aufgaben, die weitestgehend Möglichkeiten für ein eigenständiges Zielsetzen und Entscheiden bieten, die Entwicklung individueller Arbeitsweisen fördern und genaue Rückmeldungen über Soll-Ist-Divergenzen geben. Zweifelsohne können vollständige Aufgaben jedoch die Kapazitäten eines Individuums übersteigen, so dass Aufgaben von Gruppen erledigt werden müssen.

4. *Teilautonome Arbeitsgruppen*: Das Konzept der teilautonomen Arbeitsgruppe geht auf norwegische Arbeitswissenschaftler zurück. Erleben ganzheitlicher Arbeit ist in modernen Arbeitsprozessen oft nur möglich, wenn Personen gemeinsam zusammenhängende Teilaufgaben erledigen. Deshalb ist das Konzept der teilautonomen Arbeitsgruppen relevant. Weiters ist es bedeutsam, weil die Zusammenfassung von interdependenten Teilaufgaben zur gemeinsamen Aufgabe einer Gruppe Selbstregulation ermöglicht und die wechselseitige soziale Unterstützung fördert. Dies ist möglich, wenn die Gruppe für die Aufgabe Verantwortung übernimmt und den Arbeitsablauf selbst kontrollieren kann. Im Gegensatz zum Konzept des Job enrichment, welches den Sinn der Arbeit betont, kommt im Konzept der teilautonomen Arbeitsgruppen der kollektiven Selbstregulation Bedeutung zu.

Teilautonome Arbeitsgruppen müssen Autonomie besitzen. Die Kriterien in Tabelle 15 lassen die Schätzung der qualitativen und quantitativen Ausprägung von Autonomie zu.

Über teilautonome Arbeitsgruppen wurden eine Vielzahl von Studien und Berichten veröffentlicht. Wenn auch Misserfolge eher verschwiegen werden als Erfolge, so lässt sich doch eine Zwischenbilanz über die möglichen positiven Auswirkungen erstellen, aber auch Kritik anführen. Während die Erfolge in Tabelle 16 zusammengefasst sind, wird als Kritik manchmal von Hawthorne-Effekten gesprochen: Danach sind positive Ergebnisse, wenn überhaupt erzielbar, kurzfristig und nur durch die Zuwendung zu den Beschäftigten beobachtet worden. Schwierigkeiten der praktischen Umsetzung liegen oft darin begründet, dass Aufgaben überhaupt ein Entscheidungspotential haben müssen. Weiters ist die Arbeit in teilautonomen Gruppen anspruchvoller als am Fließband und deshalb die Löhne höher. In der Anfangsphase der Einführung teilautonomer Arbeitsgruppen gibt es oft massive Innovationswiderstände und einen Verlust an Wirtschaftlichkeit. Schließlich entstehen Schwierigkeiten auch durch den Umstand, dass der Einfluss des Managements teilautonome Gruppen fördern muss, obwohl damit der Einfluss der Führungsgremien sinkt.

Tab. 15   Kriterien für die Autonomie von Arbeitsgruppen (nach Gulowsen, 1972; aus Ulich, 2001, S. 210)

(1) Die Gruppe kann auf die Formulierung der für sie geltenden Zielvorstellungen Einfluss nehmen
  (a) hinsichtlich qualitativer Aspekte, das heißt was die Gruppe produzieren soll,
  (b) hinsichtlich quantitativer Aspekte, das heißt wie viel und unter welchen finanziellen Bedingungen sie produzieren soll.
  Kriterium (1b) gilt nur dann als erfüllt, wenn beide Teilbedingungen erfüllt sind.
(2) Unter der Voraussetzung der Erfüllung der Grenzbedingungen kann die Gruppe darüber entscheiden,
  (a) wo sie arbeitet,
  (b) wann sie arbeitet – dieses Kriterium gilt als erfüllt, wenn die Gruppe die Zahl der Arbeitsstunden für die Gruppe als ganze bestimmen kann oder wenn die Gruppe darüber entscheiden kann, ob ein Gruppenmitglied die Arbeit während der regulären Arbeitsstunden verlassen darf oder wenn die Gruppe darüber entscheidet, ob und wann Überstunden gemacht werden;
  (c) in welchen weiteren Tätigkeiten sie sich engagieren möchte. Dieses Kriterium ist erfüllt, wenn die Arbeitsgruppe ihre Tätigkeit auf eigene Verantwortung unterbrechen kann oder wenn ihre Mitglieder private oder andere Arbeiten verrichten können, sofern sie die vorgegebenen Produktionsziele erfüllt haben.
(3) Die Gruppe trifft die erforderlichen Entscheidungen in Zusammenhang mit der Wahl der Produktionsmethode. Dies setzt voraus, dass
  (a) tatsächlich Alternativmethoden vorhanden sind

und dass
  (a) Außenstehende sich in die Wahl der Methode nicht einmischen. Das Kriterium ist irrelevant, wenn die Voraussetzung (a) nicht erfüllt ist.
(4) Die Gruppe entscheidet über die interne Aufgabenverteilung.
  Voraussetzungen für die Erfüllung des Kriteriums sind
  (a) das Vorhandensein alternativer Aufgabenverteilungen und
  (b) Nichteinmischung Außenstehender in den Entscheidungsprozess.
  Das Kriterium ist irrelevant, wenn die Voraussetzung (a) nicht erfüllt ist.
(5) Die Gruppe entscheidet über die Mitgliedschaft. Das Kriterium gilt als erfüllt, wenn die Gruppe neue Mitglieder auswählen und einstellen oder wenn die Gruppe unerwünschte Mitglieder ausschließen kann.
(6) Die Gruppe trifft Entscheidungen in bezug auf zwei wesentliche Aspekte der Führung:
  (a) ob sie in bezug auf gruppeninterne Vorgänge einen Führer haben und wer das sein soll;
  (b) ob sie zum Zwecke der Regelung der Grenzbedingungen einen Führer haben will und wer dies sein soll.
(7) Die einzelnen Gruppenmitglieder entscheiden darüber, wie die von ihnen zu erledigenden Aufgaben auszuführen sind.
  Das Kriterium gilt als nicht erfüllt, wenn irgendeine andere Person die Entscheidung trifft und als nicht relevant, wenn die Technologie eine Entscheidung nicht zulässt.

(nach Gulowsen 1972, 376ff.)

Tab. 16   Erfolge teilautonomer Arbeitsgruppen (Ulich, 2001, S. 260)

Beschäftigte	Organisation	Produktion
- intrinsische Motivation durch Aufgabenorientierung	- Verringerung von hierarchischen Positionen	-Verbesserung der Produktqualität
- Verbesserung von Qualifikation und Kompetenzen	- Veränderte Vorgesetztenrollen	- Verminderung von Durchlaufzeiten
- Erhöhung der Flexibilität	- Veränderung von Kontrollspannen	- Verringerung arbeitsablaufbedingter Wartezeiten
- Qualitative Veränderung der Arbeitszufriedenheit	- Funktionale Integration	- Verringerung von Stillstandszeiten
- Abbau einseitiger Belastungen	- Höhere Flexibilität	- Erhöhung der Flexibilität
- Abbau von Stress durch gegenseitige Unterstützung	- Neudefinition von Stellen	- Verminderung von Fehlzeiten
- Aktiveres Freizeitverhalten	- Neue Lohnkonzepte	- Verminderung der Fluktuation

Teilautonome Arbeitsgruppen wurden anfangs vor allem in der Fahrzeugindustrie eingerichtet. Im Jahre 1975 wurde die herkömmliche Fließbandstruktur in der Saab-Karosseriefabrik in Trollhättan (Schweden) durch ein an soziotechnischen Konzepten orientiertes System teilautonomer Arbeitsgruppen abgelöst. Den Gruppen aus überwiegend angelernten Arbeitern wurde ein umfassendes Aufgabenpaket zur Erledigung in eigener Verantwortung übertragen: Eine Gruppe war verantwortlich für Fertigung, Instandhaltung, Prüfung, Verwaltung, Reinigung und Transport sowie die Einschulung neuer Mitarbeiter. Weiters lag die Verantwortung für die Finanzen, soziale Fragen und andere Aufgaben im Produktionsprozess bei der Gruppe. Die Gruppen vertraten sich nach außen durch eine Kontaktperson, die zusätzliche, nicht direkt produktive Aufgaben wahrzunehmen hatte. Die Funktion der Kontaktperson rotierte zwischen allen Gruppenmitgliedern in wöchentlichem Wechsel. Jede Gruppe war zugleich eine eigene Kostenstelle und damit als kleinste organisatorische Einheit ausgewiesen. Je drei bis vier Gruppen bildeten einen Meisterbereich. Die Rekrutierung neuer Mitarbeiter wurde von der Gruppe und dem Meister vorgenommen. Die Ziele wurden durch „Management by Objectives" vereinbart und bezogen sich auf Quantität, Qualität und Kosten.

Mit der Einführung der teilautonomen Arbeitsgruppen hat sich die Tätigkeit der Meister grundlegend verändert: Von überwiegend Arbeiten, die der Qualitätskontrolle und dem Verfolgen von quantitativen Produktionszielen dienten und eher einer „Fließbandarbeit" glichen, änderte sich die Arbeitsstruktur der Meister vor allem auf Tätigkeiten, die der Sorge für die Mitarbeiter und Weiterentwicklung des Arbeitssystems dienten.

Nach mehr als sechsjähriger Erfahrung berichtete die Werksleitung u. a. über folgende betriebswirtschaftliche Nutzeffekte: Verbesserung der Qualität und Verminderung der Kosten für Qualitätskontrolle und Nacharbeit, Verringerung des Verletzungsrisikos und Vermeidung der Fluktuation, Verbesserung der Produktionsstabilität und Verminderung von Abstimmungs- und Systemverlusten. Mehrkosten waren durch zusätzliche Investitionen für Parallelausrüstung und die Einrichtung von Extrazonen für die Lagerung von Material im Produktionsbereich zu verzeichnen. Gruppenarbeit wurde vor allem durch die Firma Volvo bekannt und im Anschluss in vielen Autofirmen eingerichtet.

5. *Gruppen im Betrieb*: Seit einiger Zeit wird versucht, Vorteile der Gruppenarbeit und Vorteile von Interessensgruppen im Betrieb zu nutzen. Neben der primären Aufgabenerfüllung im Betrieb wurden Gruppen eingerich-

tet, die sich einem speziellen Thema widmen: Qualitätszirkel haben das
Ziel, qualitative Verbesserungen in der Organisation einzuführen, Gesundheitszirkel widmen sich dem Ziel, Arbeitsbedingungen so zu ändern,
dass Stressoren reduziert werden, durch sogenannte Lernwerkstätten sollen Möglichkeiten zur sozialen Integration von Mitarbeitern anderer Kulturen geschaffen oder verbessert werden.

Üblicherweise handelt es sich um Gesprächsrunden aus einer kleinen
Zahl von Personen, die meist den unteren Ebenen der Organisationshier-
archie entstammen und unter Leitung eines Moderators über spezifische
Problembereiche diskutieren und damit zum einen im Sinne der Unter-
nehmensziele wirken und zum anderen ihre eigene Qualifikation und
spezifisch ihre soziale Kompetenz verbessern.

Qualitätszirkel sind vor allem in Japan gefördert worden und werden seit
den Erfolgen dort auch in den westlichen In-
dustrieländern verstärkt angewandt. Gründe für die Ausbreitung der Qualitätszirkel
werden vor allem darin gesehen, dass die
moderne Fertigungstechnologie von den
Mitarbeitern erhöhte Flexibilität unter Bei-
behaltung einer angemessenen Kontrolle fordert. Qualitätszirkel erweitern die Arbeitskompetenz und binden die einzelnen in den loyalitätsför-
dernden Gruppenprozess ein. Weiters fordert der verschärfte internatio-
nale Wettbewerb eine hohe Fertigungs- und Produktqualität, die durch
Steigerung des Qualitätsbewusstseins der Mitarbeiter zu erzielen ist.
Schließlich führen der Wandel der Wertorientierungen und der Einstellungen zur Arbeit dazu, dass Mitarbeitern verstärkt Mitgestaltungs- und
Mitentscheidungsmöglichkeiten beanspruchen.

**Qualitätszirkel erweitern die
Arbeitskompetenz und binden
den Einzelnen in den loyalitäts-
fördernden Gruppenprozess ein.**

Das Lernstatt-Konzept wurde in Deutschland bei den Firmen BMW,
Hoechst und MAN entwickelt, mit dem Ziel, ausländische Arbeiter zu in-
tegrieren und ihnen soziale Kompetenz zu vermitteln. Heute dient die
Lernstatt vorwiegend der Persönlichkeitsförderung durch gruppendyna-
mische Techniken und Kreativtechniken und in zweiter Linie der Förderung der Produktivität.

3.4   Vom „besten Weg" zum Angebot von Alternativen

Eine beste, für alle Mitarbeiter optimale Arbeitsstruktur kann es nicht
geben. Personen unterscheiden sich voneinander und fühlen sich in unterschiedlichen Situationen unterschiedlich wohl und sind unterschiedlich

produktiv. Die Selektion der Mitarbeiter ist nur eine unbefriedigende Möglichkeit, den interindividuellen Unterschieden gerecht zu werden und Arbeitsplätze mit der „richtigen" Person zu besetzen. Nach Hackers Überlegungen zur Arbeitstätigkeit und den Erkenntnissen über die Arbeitsmotivation erscheint es notwendig, Arbeitsplätze und Arbeitstätigkeiten individuell zu gestalten. Studien belegen auch, dass hinsichtlich des Ablaufs

> **Eine beste, für alle Mitarbeiter optimale Arbeitsstruktur kann es nicht geben.**

bei nicht bis ins Detail festgelegten Tätigkeiten interindividuell unterschiedliche Vorgehensweisen möglich sind, ohne dass damit notwendigerweise Unterschiede in der Effizienz erkennbar werden.

Interindividuelle Differenzen können am Arbeitsplatz nicht nur akzeptiert, sondern auch gefördert werden, und verschiedene Strategien können „the best way" für die eine Person, aber nicht für eine andere Person sein. Für zahlreiche Arbeitstätigkeiten gibt es keineswegs nur einen optimalen Weg. Diese Erkenntnis soll dazu anregen, dass Konstrukteure, Anlagenhersteller und Arbeitsvorbereiter usw. immer dort, wo es möglich ist, Arbeitssysteme flexibel gestalten, um den interindividuellen Differenzen Rechnung tragen zu können.

Statt „Arbeitsgestaltung durch Eignungsdiagnostik", betont Frieling (1988), sollte differentieller Arbeitsgestaltung der Vorzug gegeben werden. Ulich (2001) postuliert folgende drei Gestaltungsprinzipien:

> **Statt „Arbeitsgestaltung durch Eignungsdiagnostik" sollte differentieller Arbeitsgestaltung der Vorzug gegeben werden.**

- das Prinzip der flexiblen Arbeitsgestaltung mit Berücksichtigung interindividueller Differenzen innerhalb einer vorgegebenen Arbeitsstruktur;
- das Prinzip der differentiellen Arbeitsgestaltung mit Vorgabe alternativer Arbeitsstrukturen, zwischen denen Beschäftigte wählen können. Damit wird vor allem Persönlichkeitsunterschieden zwischen Personen Rechnung getragen;
- das Prinzip der dynamischen Arbeitsgestaltung, das der Tatsache Rechnung trägt, dass Arbeit auf die Persönlichkeit des Arbeitstätigen einwirkt und sie verändert. Deshalb müssen Arbeitsstrukturen auch den intraindividuellen Änderungen Rechnung tragen. Gemeint ist, dass je nach Lernfortschritt und Motivationsänderungen Arbeitsbereiche erweitert, angereichert oder neue Arbeitsstrukturen geschaffen werden.

Das Prinzip der flexiblen Arbeitsgestaltung berücksichtigt das Bestehen interindividueller Differenzen dadurch, dass innerhalb eines vorgegebenen Arbeitssystems unterschiedliche Arbeitsweisen zugelassen werden. Beispielsweise wird bei der Montage von Motoren nicht bis ins letzte Detail vorge-schrieben, in welcher Reihenfolge die Einzelteile zusammengefügt werden müssen, sondern dem Montagepersonal Freiheit bei der Wahl der Montage-strategie gelassen.

Ulich (2001) hebt davon das Prinzip der differentiellen Arbeitsgestaltung ab, welches das gleichzeitige Angebot verschiedener Arbeitssysteme meint, zwischen denen Arbeitende wählen können. Das Prinzip der differentiellen Arbeitsgestaltung soll dazu beitragen, eine optimale Entwicklung der Per-sönlichkeit in der Auseinandersetzung mit der Arbeitstätigkeit auf dem Hintergrund individueller Besonderheiten zu gewährleisten. Als Beispiel für differentielle Arbeitsgestaltung nennt Ulich (2001) den Montagebereich eines Schreibmaschinenherstellers, in dem den Beschäftigten drei unter-schiedliche Arbeitsweisen zur Auswahl gestellt werden. Die Arbeitenden können wählen zwischen (a) einem Bündelsystem, in dem jede einzelne Person in der Linie eine begrenzte Anzahl von Tätigkeiten (Montieren, Löten, Kontrollieren) ausführt; (b) teilautonomen Arbeitsgruppen, in denen die Gruppe die gesamte Montage über hat und (c) Einzelarbeitsplätzen, an denen die komplette Montage durchgeführt wird. Die drei Systeme unter-scheiden sich in der Komplexität der Anforderungen und der Zyklusdauer, die von 10 Minuten bis zu zwei bis vier Stunden schwankt. Ulich (2001) hebt als wesentlich hervor, dass die Beschäftigten ihre einmal getroffenen Wahlen auch korrigieren können, etwa im Fall des Gefühls der Überforde-rung.

Um auch Prozessen der Persönlichkeitsentwicklung Rechnung tragen zu können, bedarf das Prinzip der differentiellen Arbeitsgestaltung schließlich der Ergänzung durch das Prinzip der dynamischen Arbeitsgestaltung. Dies meint die Möglichkeit der Erweiterung bestehender Arbeitssysteme und die Schaffung neuer Arbeitssysteme entsprechend dem Lernfortschritt der Be-schäftigten. Diesen Überlegungen entsprechend genügt es nicht, durch diffe-rentielle Arbeitsgestaltung allfälligen interindividuellen Differenzen gerecht zu werden. Vielmehr verlangen Qualifizierungsprozesse, die durch die Aus-einandersetzung mit Arbeitsaufgaben und ihrer Erfüllung ausgelöst werden, zusätzlich eine dynamische Arbeitsgestaltung, die auch intraindividuellen Differenzen über die Zeit gerecht zu werden vermag. Im einzelnen werden folgende Überlegungen angeführt:

• Der zeitliche Verlauf der psychischen Regulation von Arbeitstätigkeiten lässt sich u. a. dadurch charakterisieren, dass der Arbeitende zunächst Freiheitsgrade nutzt und auf Grund von Rückkoppelungseffekten die Zahl der Freiheitsgrade schließlich immer mehr reduziert. Die vielen an-fangs erkannten und häufig genutzten möglichen Strategien engen sich mit der Zeit auf einige wenige oder sogar auf einen subjektiven „one best way" ein.

- Die fortdauernde Erfüllung einer bestimmten Arbeitsaufgabe führt zu einer Geübtheit im Arbeitsvollzug, die mindestens partiell eine hochgradige Automatisierung nicht nur sensumotorischer, sondern auch intellektueller Regulationsprozesse bedeutet. Dadurch kann beispielsweise der Entscheidungs- und Kontrollspielraum eine massive Dequalifizierung erfahren, d. h., ursprünglich echte Entscheidungsleistungen werden ersetzt durch reine Abruffunktionen.
- Es kann nicht angenommen werden, dass sich die individuelle antriebsregulatorische Konstellation über die Zeit invariant verhält. Mindestens aufgrund der durch die erstgenannten beiden Überlegungen angesprochenen ausführungsregulatorischen Veränderungen dürften sich antriebsregulatorische Verschiebungen ergeben, sei es durch Zielmodifikation (im Sinne einer Anspruchsniveauerhöhung) oder durch veränderte Bewertungen (im Sinne einer Reduzierung oder Verlagerung der Arbeitszufriedenheit). Dazu kommen Varianzerscheinungen in der Antriebsregulation, die sich aus Veränderungen arbeitsexterner oder doch nicht unmittelbar arbeitstätigkeitsbezogener Bereiche ergeben. Aufgrund der Ganzheitlichkeit individueller Zielhierarchien kann dies kurzfristig, aber durchaus auch längerfristig zu Veränderungen der relativen Gewichtigkeit arbeitstätigkeitsbezogener individueller Ziele führen.

Durch die Berücksichtigung der inter- und intraindividuellen Differenzen und eine Individualisierung von Arbeitstätigkeiten können Stressfaktoren für den Arbeitenden reduziert werden. Dies gilt vor allem für Beanspruchungsfolgen, die nach der Theorie des Person-Environment-Fit durch subjektiv erlebte und objektiv gegebene Diskrepanzen zwischen Anforderungen und Erfordernissen der Arbeit auf der einen Seite und den Fähigkeiten und Fertigkeiten der Person auf der anderen Seite entstehen.

> **Durch die Berücksichtigung der inter und intraindividuellen Differenzen und Individualisierung von Arbeitstätigkeiten können Stressfaktoren reduziert werden.**

Frei, Hugentobler, Alioth, Duell und Ruch (1993) beschreiben in einem Artikel über „Qualifizierende Arbeitsgestaltung", wie neue Gestaltungsmaßnahmen realisiert werden können. Dabei raten sie zur Anwendung von folgenden vier Prinzipien:

- Judoprinzip: Es gilt, andere als die eigenen Kräfte zu nutzen. Die Betriebsangehörigen sollen auf Problemstellungen aufmerksam gemacht werden, damit sie Veränderungen selbst initiieren und selbst realisieren.

- Partizipation: Die Betroffenen im Betrieb müssen zu Beteiligten gemacht werden. Sie sollen Veränderungen tragen.
- Heuristisches Vorgehen: Es gibt nicht den einen besten Weg, sondern viele Wege der Veränderung. Anleitungen zum Finden von Lösungsvorschlägen sollen geboten werden; die Lösungen sollen die Mitarbeiter finden.
- Doppelhelix: Es gibt keine individuelle ohne systemische Entwicklung. Auf beiden Ebenen werden Neugestaltungen getragen und wirksam.

3.5   Arbeitsgestaltung und Kultur

Letztlich sei erwähnt, dass Arbeitsgestaltung lokalen, geographischen und natürlich kulturellen Unterschieden Rechnung tragen muss. Hofstede (1980) stellte fest, dass Theorien und Arbeitspraktiken kulturspezifisch sind und meint, die Bürokratietheorie von Max Weber etwa hätte niemals von einem Franzosen geschrieben werden können. Organisationstheorien lateinischer Länder konzentrieren sich meist auf Machtfragen; solche aus dem deutschen Sprachraum auf Wahrheitsfragen und Theorien aus dem anglosächsischen Raum sind meist pragmatischer Art.

Tab. 17   Beispielitems zu Kulturdimensionen nach Hofstede (1980)

Dimension	Frage	Antwortrichtung
Akzeptanz von Machtdistanz	Wie oft besteht – Ihrer Erfahrung nach – das folgende Problem: Mitarbeiter fürchten sich davor, Vorgesetzten gegenüber einen gegenteiligen Standpunkt auszudrücken.	häufig
Tendenzen zur Vermeidung von Ungewissheit	Regeln der Organisation sollten nicht gebrochen werden, auch dann nicht, wenn ein Mitarbeiter der Meinung ist, dies wäre für die Organisation gut.	stimme zu
Neigung zu Individualismus im Gegensatz zu Kollektivismus	Wie wichtig ist es für Sie, dass Sie eine Arbeit haben, die Ihnen Zeit für sich und Ihre Familie lässt?	sehr wichtig
	Wie wichtig ist es für Sie, genügend Freiraum für die Entwicklung Ihres eigenen Arbeitsstils zu haben?	sehr wichtig
Bedeutung von femininen Werten	Wie wichtig ist es für Sie, eine gute Arbeitsbeziehung zu Ihrem Vorgesetzten zu haben?	sehr wichtig
	Wie wichtig ist es für Sie, mit Kollegen, die gut miteinander kooperieren, zu arbeiten?	sehr wichtig
Bedeutung von maskulinen Werten	Wie wichtig ist es für Sie, Möglichkeiten viel zu verdienen zu haben?	sehr wichtig
	Wie wichtig ist es für Sie, Anerkennung für gute Leistungen zu bekommen?	sehr wichtig

Tab. 18   Rangreihung von Nationen nach Kulturdimensionen (Hofstede, 1980)

Land	Machtdistanz	Unsicherheit	Individualismus	Maskulinität
Afrika (Osten)	22	36	34	39
Afrika (Westen)	10	34	40	30
Arabische Länder	7	27	26	23
Argentinien	35	12	22	20
Australien	41	37	2	16
Belgien	20	5	8	22
Brasilien	14	21	26	27
Chile	24	12	38	46
Costa Rica	43	12	46	48
Dänemark	51	51	9	50
Deutschland (Westen)	43	29	15	9
El Salvador	18	5	42	40
Equador	8	28	52	13
Finland	46	31	17	47
Frankreich	15	12	10	35
Griechenland	27	1	30	18
Grossbritannien	43	47	3	9
Guatemala	3	3	53	43
Hong Kong	15	49	37	18
Indien	10	45	21	20
Indonesien	8	41	47	30
Iran	29	31	24	35
Irland	49	47	12	7
Israel	52	19	19	29
Italien	34	23	7	4
Jamaica	37	52	25	7
Japan	33	7	22	1
Jugoslawien	12	8	34	48
Kanada	39	41	4	24
Kolumbien	17	20	49	11
Korea (Südkorea)	27	16	44	41
Malaysien	1	46	36	25
Mexiko	6	18	32	6
Neu Seeland	50	40	6	17
Niederlande	40	35	4	51
Norwegen	47	38	13	52
Österreich	53	24	18	2
Pakistan	32	24	47	25
Panama	2	12	51	34
Peru	22	9	45	37
Philippinen	3	44	31	11
Portugal	24	2	34	45
Schweden	47	49	10	53
Schweiz	45	33	14	4
Singapur	13	53	40	28
Spanien	31	12	20	37
Südafrika	35	39	16	13
Taiwan	29	26	43	32
Thailand	22	30	40	44
Türkei	18	16	28	32
Uruguay	26	4	29	42
USA	38	43	1	15
Venezuela	5	21	50	3

Hofstede führte eine bereits klassische Studie an vielen tausend Beschäftigten eines Unternehmens (IBM) in 40 verschiedenen Ländern durch, die arbeitsbezogene Wertvorstellungen zum Gegenstand hatte. Er konnte zeigen, wie unterschiedlich die verschiedenen Kulturen auch aus der Perspektive der Betriebe sind. Aus einem Pool von Items, die sich auf Erfahrungen der Mitarbeiter mit Vorgesetzten, Werthaltungen usw. bezogen, extrahierte er vier Faktoren: Akzeptanz von Machtdistanzen, Tendenzen zur Vermeidung von Ungewissheit, Neigung zu Individualismus beziehungsweise Kollektivismus und Bedeutung von maskulinen Werten. In Tabelle 17 sind einige Fragen beispielhaft wiedergegeben und in Tabelle 18 die untersuchten Nationen und Ausprägungen in den Dimensionen zusammengefasst.

Festgestellt wurde unter anderem, dass mit wachsendem Bruttonationalprodukt in einem Land der Individualismus zunimmt. Die Übertragung von Arbeitsgestaltungskonzepten, aber auch von Führungsmodellen, Organisationsmodellen usw. von einem individualistischen Land auf kollektivistische Länder kann nicht bedenkenlos erfolgen. Was in einem Land erfolgreich sein kann, könnte in einem anderen auf Widerstand, Missverständnisse oder Ablehnung stoßen. Psychologische Arbeitsgestaltung heißt deshalb sorgfältige Analyse und Bewertung von Gegebenheiten und, bei der Erarbeitung von Reorganisationskonzepten, hohe Sensibilität bezüglich der Bedürfnisse der arbeitenden Menschen, die zu einem gegebenen Zeitpunkt aktuell und in einen spezifischen kulturellen Kontext eingebettet sind. Statt der Erarbeitung von allgemeingültigen Rezepten müssen leitende Personen in Flexibilität und Sensibilität geschult und Organisationen, Tätigkeiten und Abläufe nach jeweils geltenden kulturellen Eigenheiten gestaltet werden.

Die Übertragung von Arbeitsgestaltungskonzepten von einem individualistischen Land auf kollektivistische Länder kann nicht bedenkenlos erfolgen.

Glossar

Absentismus	Fernbleiben von der Arbeit. Mit sinkender Arbeitszufriedenheit steigt die Absentismusrate an. Der Zusammenhang ist zwar signifikant, allerdings gering, meist unter $r = -.10$.
Antriebsregulation	Motivationale Steuerung von Arbeitshandlungen.
Arbeitsbewertungskriterien	Ausführbarkeit, Erträglichkeit, Zumutbarkeit und Zufriedenheit sind nach Rohmert die wesentlichen Kriterien der Arbeitsbewertung. Hacker und Richter unterscheiden hingegen Ausführbarkeit, Schädigungslosigkeit, Beeinträchtigungsfreiheit und Persönlichkeitsförderlichkeit.
Arbeitszufriedenheit	Bewertung der Arbeitserfahrungen durch Arbeitstätige. Definitionen und theoretische Zufriedenheitsmodelle sind unterschiedlich. Arbeitszufriedenheit kann als Einstellung zur Arbeit, als Vergleichsergebnis zwischen Erwartungen und aktuellen Gegebenheiten oder als Ergebnis von Lernprozessen angesehen werden.
Auftragsanalyse	Analyse der Arbeitsaufträge durch Dokumentenanalyse, Analyse der Funktion der Arbeitsaufträge, Beschreibung der Arbeitsteilung, Strukturanalyse, Bestimmung der Freiheitsgrade bei der Arbeitsausführung.
Ausführungsregulation	Steuerungsvorgänge bei der Ausführung von Arbeitshandlungen.
Äußere Arbeitsbedingungen	Äußere Umstände (z. B. Lärm, Klima, Staub), welche die Arbeit direkt oder indirekt, „am Individuum gebrochen" beeinflussen können.
Beanspruchung	Im Gegensatz zu Belastungen werden unter Beanspruchung die subjektiven Folgen von Belastungen (äußeren Faktoren) verstanden.
Belastungen	Im Gegensatz zu Beanspruchung werden unter Belastungen die objektiven, von außen auf den Menschen einwirkenden, negativen Faktoren verstanden.
Burnout	Emotionale Erschöpfung, Depersonalisation und Betroffenheit. Burnout wird meist in helfenden Berufen bei besonders engagierten Mitarbeitern beobachtet.
Differentielle Arbeitsgestaltung	Gestaltung unterschiedlicher Arbeitsplätze unter Berücksichtigung individueller Unterschiede bei der Arbeitsausführung.
Dynamische Arbeitsgestaltung	Gestaltung der Arbeitsplätze unter Berücksichtigung von Entwicklung der Person und der dadurch bedingten

	Veränderung des Erlebens ein und derselben Arbeit im Laufe der Zeit.
Entscheidungsspielraum	Ausmaß der Entscheidungskompetenz zur Festlegung und Abgrenzung von Aufgaben.
Ereignis-Tagebuch	Strukturiertes Tagebuch. Die Fragen im Tagebuch werden dann beantwortet, wenn ein bestimmtes, für die jeweilige Untersuchung kritisches Ereignis aufgetreten ist.
Flexible Arbeitsgestaltung	Gestaltung der Arbeit unter Berücksichtigung interindividueller Unterschiede bei der Arbeitsausführung an einem vorgegebenen Arbeitsplatz.
Fluktuation	Abwanderung der Mitarbeiter aus der Organisation. Mit sinkender Arbeitszufriedenheit steigt die Fluktuationsrate an. Der Zusammenhang ist signifikant, meist zwischen $r = -.20$ und $-.40$. Laut Commitment-Modell ist die Bindung beziehungsweise Abwanderung der Mitarbeiter nicht nur von der Zufriedenheit, sondern vor allem auch von Investitionen in die Organisation und Alternativen abhängig.
Gestaltungsspielraum	Ausmaß der Möglichkeiten zur selbständigen Gestaltung von Vorgehensweisen nach eigenen Zielsetzungen.
Handlungsspielraum	Summe der Freiheitsgrade, das heißt, der Möglichkeiten zum unterschiedlichen aufgabenbezogenen Handeln.
Handlungstheorie	Theorie über zielgerichtete (Arbeits-)Handlungen. Im deutschsprachigen Raum wurde die Handlungstheorie vor allem von W. Hacker entwickelt und bekannt.
Humane Arbeit	Als human werden nach Ulich jene Arbeitstätigkeiten bezeichnet, die die psychische Gesundheit der Arbeitstätigen nicht schädigen, ihr psychosoziales Wohlbefinden nicht beeinträchtigen, ihren Bedürfnissen und Qualifikationen entsprechen, individuelle und/oder kollektive Einflussnahme auf Arbeitsbedingungen und Arbeitssysteme ermöglichen und zur Entwicklung ihrer Persönlichkeit im Sinne der Entfaltung ihrer Potentiale und Förderung ihrer Kompetenz betragen.
Hygienefaktoren	(auch Kontextfaktoren oder Dissatisfiers) Faktoren, bei deren Fehlen Unzufriedenheit auftritt. Sie beziehen sich auf die Arbeitsumgebung, wie den Führungsstil, die äußeren Arbeitsbedingungen oder das Betriebsklima usw.
Intellektuelle Regulationsebene	Ebene der Ausführungsregulation. Handlungsziele und Handlungsschritte werden durch entsprechende diagnostische (zustandsanalysierende) und prognostische (maßnahmensetzende) Analysen überlegt und festgesetzt.
Job Diagnostic Survey	Verfahren zur Arbeitsanalyse auf der Basis des Motivationskonzeptes von Hackman und Oldham.

Job enlargement	Aufgabenerweiterung; Arbeitstätige rotieren nicht zwischen verschiedenen stark spezialisierten Arbeitsplätzen, sondern üben innerhalb ihrer Arbeitsplätze mehrere Tätigkeiten aus, die bislang von verschiedenen Arbeitskräften verrichtet wurden.
Job enrichment	Aufgabenanreicherung; unter job enrichment ist eine vertikale Ausdehnung der Arbeit gemeint, die nicht nur die Ablauforganisation, sondern auch die Aufbauorganisation betrifft. Aufgabenanreicherung bezieht sich vor allem auf die Neugestaltung von Motivationsfaktoren im Sinne von F. Herzberg.
Job rotation	Relativ anspruchslose Form neuer Arbeitsplatzgestaltung, nach der Personen, die spezialisierte Tätigkeiten ausüben, aufgrund eigener Initiative oder nach einem vorbestimmten Rhythmus ihren Arbeitsplatz tauschen.
Korrektive Arbeitsgestaltung	Nachträgliche Korrektur von Mängeln der Arbeitsgestaltung.
Kulturdimensionen nach G. Hofstede	Machtdistanz (Respektgefälle zwischen Vorgesetzten und Mitarbeitern); Vermeidung von Ungewissheit (Tendenz, Organisationsregeln klar erkennen zu wollen und einzuhalten); Individualismus (Gewichtung persönlicher und privater Bedürfnisse im Gegensatz zu kollektiven Bedürfnissen); Maskulinismus (Gewichtung traditionell maskuliner Werte, wie Einfluss, Gehaltshöhe, Macht, etc. im Gegensatz zu femininen Werten, wie Sozialkontakt, Kooperation etc.).
Leistung und Zufriedenheit	Generell wird ein positiver Zusammenhang zwischen Leistung und Zufriedenheit angenommen. Die Korrelationen sind meist signifikant positiv, aber erklären wenig Varianz. Höhere Korrelationen bestehen zwischen organisationaler Zufriedenheit und Leistung der Organisation insgesamt.
Lernstatt-Konzept	Gruppe von Personen, die Möglichkeiten zur Verbesserung der Integration ausländischer Mitarbeiter im Betrieb entwickelt.
Mentale, indirekte Trainings	Übung und Lernen am „inneren Modell", durch die Vorstellung des Handlungsziels und der Ausführungsschritte.
Mobbing	Extremform sozialer Stressoren. Negative kommunikative Handlungen, die gegen eine Person gerichtet sind und die oft über einen längeren Zeitraum vorkommen.
Motivatoren	(auch Kontentfaktoren oder Satisfiers). Darunter sind jene Faktoren zusammengefasst, die Zufriedenheit bewirken, wie etwa Leistung, Anerkennung, die Tätigkeit selbst, Verantwortung, Weiterentwicklungs- und Aufstiegsmöglichkeiten.

One-best-way	Optimaler, für alle Personen gültiger bester Arbeitsablauf.
Operatives Abbildsystem	Inneres Modell über das (Arbeits-)Ziel und die Handlungsschritte zum Ziel.
Organisationales Commitment	Bindung der Mitarbeit an die Organisation.
Perzeptiv-begriffliche Regulationsebene	Ebene der Ausführungsregulation. Handlungen werden durch die Sprache entsprechend der Wahrnehmungsgesetze reguliert. Die Gestaltung von Signalfeldern kann beispielsweise durch die Berücksichtigung von wahrnehmungspsychologischen Gesetzen verbessert werden.
Präventive Arbeitsgestaltung	Vermeidung von Gestaltungsmängeln bei der Planung der Arbeitssysteme.
Prospektive Arbeitsgestaltung	Berücksichtigung arbeitswissenschaftlicher Erkenntnisse und Schaffung persönlichkeitsfördernder „Spielräume" bei der Planung von Arbeitssystemen.
Qualitätszirkel	Gruppe von Personen, die sich regelmäßig trifft, mit dem Ziel, Möglichkeiten zur Verbesserung der Leistungsbedingungen zu entwickeln.
Resignative Arbeitszufriedenheit	Laut Bruggemann, Groskurth und Ulich resultieren aus Vergleichen von Erwartungen und Istlage unterschiedliche „Zufriedenheiten". Resignative Arbeitszufriedenheit meint Unzufriedenheit ohne Hoffnung auf Verbesserungen und damit einhergehende Senkung des Anspruchsniveaus. Weitere (Un-)Zufriedenheiten sind progressive und stabilisierte Arbeitszufriedenheit, Pseudozufriedenheit, fixierte und konstruktive Arbeitsunzufriedenheit.
Sensumotorische Regulationsebene	Ebene der Ausführungsregulation. Zielgerichtete, dem Handlungsziel dienende Bewegungen werden ständig auf ihre Effekte hin durch sensorisch vermittelte Information kontrolliert.
Signale	Funktional bedeutsame Reize.
Soziotechnische Systemanalyse	Analyse der sozialen und technischen Gegebenheiten am Arbeitsplatz und in der Organisation.
Soziotechnisches System	Organisation als Einheit von sozialen und technischen Gegebenheiten.
Tagebuchverfahren	Strukturierte Zeitstichproben- und Ereignistagebücher zur Befindens- und Zufriedenheitsmessung, oder auch zur Messung anderer Variablen, z. B. der Zeitverwendung.
Tätigkeitsanalyse	Analyse der konkreten Arbeitstätigkeiten. Untersucht werden zielgerichtete Handlungen und deren Ausführungs- und Antriebsregulation.

Tätigkeitsbewertungssystem	Verfahren zur „objektiven" Bewertung von Arbeitstätigkeiten.
Tätigkeitsspielraum	Zusammenfassung von Handlungs-, Gestaltungs- und Entscheidungsspielräumen.
Teilautonome Arbeitsgruppen	Übertragung der Verantwortung und Kontrolle der Arbeit und Leistung auf eine Gruppe von Personen.
T-O-T-E-Einheit	Plan der einfachen Handlungsausführung, der eine Handlung oder einen Eingriff (Operation), die Kontrolle des Effektes (Test) und Nutzung als Information für den nächsten Eingriff (Operation) bis zur Zielerreichung vorsieht.
Transaktionales Stressmodell	Nach Lazarus entsteht Stress infolge einer dynamischen Beziehung zwischen der Person und externen Ereignissen oder inneren Anforderungen. Stress entsteht dann, wenn die Anforderungen die Anpassungsfähigkeiten oder Ressourcen der Person beanspruchen oder übersteigen. Dabei kommt der subjektiven Wahrnehmung und der kognitiven Bewertung der Divergenz zwischen den Anforderungen und Ressourcen große Bedeutung zu. Die Beurteilung der aktuellen Situation wird als primäre Bewertung bezeichnet. Nach der Einschätzung der Situation werden in einem sekundären Bewertungsprozess Bewältigungsmöglichkeiten und Ressourcen bedacht. Wenn ungenügende Bewältigungsmöglichkeiten zur Verfügung stehen, dann wird die kritische Situation als Bedrohung angesehen.
Zeitstichproben-Tagebuch	Strukturiertes Tagebuch, das mehrmals täglich, zu Zufallszeiten und über einen längeren Zeitraum zur Messung des Befindens und anderer Variablen verwendet wird.

Literatur

Alioth, A. (1980). Entwicklung und Einführung alternativer Arbeitsformen. Schriften zur Arbeitspsychologie, Band 27. Bern: Huber.

Brandstätter, E. (1998). Ambivalente Zufriedenheit. Der Einfluss sozialer Vergleiche. Münster: Waxmann.

Brandstätter, H. (1977). Wohlbefinden und Unbehagen. Entwurf eines Verfahrens zur Messung situationsabhängiger Stimmungen. In W. H. Tack (Hrsg.), Bericht über den 30. Kongress der DGfPs in Regensburg 1976 (Band 2). Göttingen: Hogrefe.

Bruggemann, A., Groskurth, P. & Ulich, E. (1975). Arbeitszufriedenheit. Bern: Huber.

Büssing, A., Bissels, T., Fuchs, V. & Perrar, K.-M. (1999). A dynamic model of work satisfaction: Qualitative Approaches. Human Relations, 52, 999-1028.

Emery, F. E. (1959). Characteristics of socio-technical systems. Document No. 527. Tavistock Institute of Human Relations.

Emery, F. E. (1967). Analytical model for socio-technical systems. Address to the international conference on sociotechnical systems, Lincoln. Abgedruckt in F. E. Emery (Ed.), The Emergence of a New Paradigm of Work (pp. 95-106). Canberra: Australian National University, 1978.

Emery, F. E. & Thorsrud, E. (1982). Industrielle Demokratie. Bern: Huber.

Fischer, L. & Lück, H. E. (1972). Entwicklung einer Skala zur Messung von Arbeitszufriedenheit (SAZ). Psychologie und Praxis, 16, 64-76.

Flanagan, J. G. (1954). The critical incident technique. Psychological Bulletin, 51, 327-358.

Frei, F., Hugentobler, M., Alioth, A., Duell, W. & Ruch, L. (1993). Die kompetente Organisation. Qualifizierende Arbeitsgestaltung – die europäische Alternative. Zürich: Schaeffer-Poeschel.

Frieling, E. (1988). Workshop „Arbeits- und organisationspsychologische Aspekte neuer Technologie". In K. Zink (Hrsg.), Arbeitswissenschaft und neue Technologien (S. 141-144). Eschborn: Rationalisierungs-Kuratorium der Deutschen Wirtschaft.

Frieling, E. & Sonntag, K.-H. (1999). Lehrbuch Arbeitspsychologie (2. Auflage). Bern: Huber.

Frieling, E., Kannheiser, W., Facaoaru, C., Wöcherl, H. & Dürholt, E. (1984). Entwicklung eines theoriegeleiteten, standardisierten verhaltenswissenschaftlichen Verfahrens zur Tätigkeitsanalyse (TAI). Abschlussbericht zum Forschungsvorhaben 01 HA 029. Bundesministerium für Forschung und Technologie, Projektträger „Humanisierung des Arbeitslebens".

Greiner, B., Leitner, K., Weber, W.-G., Hennes, K. & Volpert, W. (1987). RHIA – ein Verfahren zur Erfassung psychischer Belastung. In K. Sonntag (Hrsg.), Arbeitsanalyse und Technikentwicklung (S. 145-161). Köln: Bachem.

Gulowsen, J. (1972). A measure of work group autonomy. In L.E. Davis & J. C. Taylor (Eds.), Design of Jobs (pp. 374-390). Harmondsworth: Penguin.

Hacker, W. (1980). Allgemeine Arbeits- und Ingenieurpsychologie. Berlin: VEB, Verlag der Wissenschaften.

Hacker, W. (1992). Expertenkönnen. Erkennen und Vermitteln. Göttingen: Verlag für angewandte Psychologie.

Hacker, W. (1995). Arbeitstätigkeitsanalyse. Analyse und Bewertung psychischer Arbeitsanforderungen. Heidelberg: Asanger.

Hacker, W. (1998). Allgemeine Arbeitspsychologie. Psychische Regulation von Arbeitstätigkeiten. Bern: Huber.

Hacker, W. & Richter, P. (1980). Psychologische Bewertung von Arbeitsgestaltungsmaßnahmen – Ziele und Bewertungsmaßstäbe. Spezielle Arbeits- und Ingenieurpsychologie, Lehrtext 1. Berlin: Deutscher Verlag der Wissenschaften

Hackman, J. R. & Oldham, G. R. (1975). Development of the job diagnostic survey. Journal of Applied Psychology, 60, 159-170.

Hackman, J. R. & Oldham, G. R. (1976). Motivation through the design of work: Test of a theory. Organizational Behavior and Human Performance, 16, 250-279.

Herzberg, F. (1972). One more time: How do you motivate employees? In L. E. Davis & J. Taylor (Eds.), Job Design (pp. 113-125). Harmondsworth: Penguin.

Herzberg, F., Mausner, B. & Snyderman, B. B. (1959). The Motivation to Work. New York: Wiley.

Hill, P. (1971). Towards a New Philosophy of Management. London: Gower.

Hofstede, G. (1980). Culture's Consequences. Beverly Hills: Sage.

Hörmann, H., Mainka, G. & Gummlich, H. (1970). Psychische und physische Reaktionen auf Geräusche verschiedener subjektiver Wertigkeit. Psychologische Forschung, 33, 289-309.

Kahneman, D. (1994). New challenges to the rationality assumption. Journal of Institutional and Theoretical Economics, 150, 18-36.

Kirchler, E. (1985). Arbeitslosigkeit und Alltagsbefinden (2. Auflage). Linz: Trauner.

Kirchler, E. (1988). Diary reports on daily economic decisions of happy versus unhappy couples. Journal of Economic Psychology, 9, 327-357.

Kirchler. E. (1999). Wirtschaftspsychologie (2. Auflage). Göttingen: Hogrefe.

Kirchler, E. & Rodler, C. (2001). Motivation in Organisationen. Wien: WUV.

Kirchler, E. & Schmidl, D. (2000). Schichtarbeit im Vergleich: Befindensunterschiede und Aufmerksamkeitsvariation während der 8-Stunden- versus 12-Stunden-Sichtarbeit. Zeitschrift für Arbeits- und Organisationspsychologie, 44, 2-18.

Kirchler, E., Rodler, C., Hölzl, E. & Meier, K. (2000). Liebe, Geld und Alltag. Göttingen: Hogrefe.

Lawler, E. E. III (1973). Motivation in Work Organizations. Monterey: Brooks/Cole.

Lazarus, R. S. & Folkman, S. (1984). Stress, Appraisal, and Coping. New York: Springer.

Leymann, H. (1993). Mobbing. Psychoterror am Arbeitsplatz und wie man sich dagegen wehren kann. Hamburg: Rowohlt.

Leymann, H. (1996). Handanleitung für den LIPT-Fragebogen. Leymann Inventory of Psychological Terror. Tübingen: Deutsche Gesellschaft für Verhaltenstherapie.

Locke, E. A. (1976). The nature and causes of job satisfaction. In M. D. Dunnette (Ed.), Handbook of Industrial and Organizational Psychology (pp. 1297-1351). New York: Wiley.

Maslach, C. (1976). Burnout. Human Behavior, 5, 16-22.

Maslach, C. & Jackson, S. E. (1986). Maslach Burnout Inventory (2nd edition). Palo Alto: Consultino Psychologists Press.

Matern, B. (1971). Untersuchungen zur regulativen Funktion der Sprache in Tätigkeiten der Primärdatenerfassung. Unveröffentlichte Dissertation, TU Dresden.

Miller, G. A. (1956). The magical number seven, plus or minus two: Some limits on our capacity for processing information. Psychological Review, 63, 81-97.

Miller, G. A., Galanter, E. & Pribram, K.-H. (1970). Plans and the Structure of Behavior. London: Holt, Rinehard & Winston.

Moser, K. (1996). Commitment in Organisationen. Bern: Huber.

Nerdinger F. W. (1995). Motivation und Handeln in Organisationen. Stuttgart: Kohlhammer.

Neuberger, O. & Allerbeck, M. (1978). Messung und Analyse von Arbeitszufriedenheit. Bern: Huber.

Richter, P. & Hacker, W. (1998). Belastung und Beanspruchung. Stress, Ermüdung und Burnout im Arbeitsleben. Heidelberg: Asanger.

Robbins, S. P. (2001). Organizational Behavior (9th edition). Englewood Cliffs: Prentice Hall.

Rohmert, W. (1972). Aufgaben und Inhalt der Arbeitswissenschaft. Die berufsbildende Schule, 24, 3-14.

Rosenstiel, L. von (1992). Grundlagen der Organisationspsychologie. Stuttgart: Klett-Cotta.

Rubinstein, S. L. (1958). Grundlagen der Allgemeinen Psychologie. Berlin: Volk und Wissen.

Rühle, R. (1979). Inhalte, Methoden und Effekte der Analyse und Vermittlung operativer Abbilder bei Bedientätigkeiten der Mehrstellenarbeit. Dresden: Habilitationsschrift, Fakultät für Mathematik und Naturwissenschaften der TU Dresden.

Rusbult, C. E., Farell, D., Rogers, G. & Mainous, A. G. III (1988). Impact of exchange variables on exit, voice, loyalty, and neglect: An integrative model of responses to declining job satisfaction. Academy of Management Journal, 31, 599-627.

Schneider, N. (1977). Untersuchungen zur Effektivität von kognitiven Lehr- und Trainingsmethoden unter industriellen Bedingungen. Unveröffentlichte Dissertation: TU Dresden.

Schüpbach, H. (1993). Analyse und Bewertung von Arbeitstätigkeiten. In H. Schuler (Hrsg.), Lehrbuch Organisationspsychologie (S. 167-187). Bern: Huber.

Schwarz, N. & Clore, G. L. (1983). Mood, misattribution, and judgments of well-being: Informative and directive functions of affective state. Journal of Personality and Social Psychology, 45, 513-523.

Schwarz, N. & Scheuring, B. (1988). Judgments of relationship satisfaction: Inter- and intraindividual comparisons as a function of questionnaire structure. European Journal of Social Psychology, 18, 485-496.

Seifert, K.-H. (1968). Die Organisation der Arbeitsmotorik in Mensch-Maschine-Systemen. Psychologische Rundschau, 19, 109-124.

Selye, H. (1974). Stress without Distress. Philadelphia: Lippincott.

Selye, H. (1978). The Stress of Life. New York: McGraw-Hill.

Semmer, N. (1984). Stressbezogene Tätigkeitsanalyse. Weinheim: Beltz.

Semmer, N. K. & Mohr, G. (2001). Arbeit und Gesundheit: Konzepte und Ergebnisse der arbeitspsychologischen Stressforschung. Psychologische Rundschau, 52, 150-158.

Six, B. & Kleinbeck, U. (1989). Arbeitsmotivation und Arbeitszufriedenheit. In E. Roth (Hrsg.). Organisationspsychologie. Enzyklopädie der Psychologie, Band 3 (S. 348-398). Göttingen: Hogrefe.

Smith, P. C., Kendall, L. M. & Hulin, C. L. (1985). The Measurement of Satisfaction in Work and Retirement. Chicago: Rand McNally.

Staehle, W. H. (1989). Management (4. Auflage). München: Vahlen.

Strack, F., Martin, L. L. & Schwarz, N. (1988). Priming and communication: Social determinants of information use in judgments of life satisfaction. European Journal of Social Psychology, 18, 429-442.

Udris, I. & Alioth, A. (1980). Fragebogen zur „subjektiven Arbeitsanalyse" (SAA). In E. Martin, I. Udris, U. Ackermann & K. Oegerle (Hrsg.), Monotonie in der Industrie (S.61-68 und 204-207). Bern: Huber.

Ulich, E. (1967). Some experiments on the function of mental training in the acquisition of motor skills. Ergonomics, 10, 411-419.

Ulich, E. (1993). Gestaltung von Arbeitstätigkeiten. In H. Schuler (Hrsg.), Lehrbuch Organisationspsychologie (S. 189-208). Bern: Huber.

Ulich, E. (2001). Arbeitspsychologie (5. Auflage). Stuttgart: Schaeffer Poeschel.

Volpert, W., Oesterreich, R., Gablenz-Kolakovic, S., Krogoll, T. & Resch, M. (1983). Verfahren zur Ermittlung von Regulationserfordernissen in der Arbeitstätigkeit (VERA). Analyse von Planungs- und Denkprozessen in der industriellen Produktion. Köln: Verlag TÜV Rheinland.

Weinert, A. B. (1998). Organisationspsychologie. Ein Lehrbuch. (4. Auflage). Weinheim: Psychologie Verlags Union.

Zapf, D. (1989). Selbst- und Fremdbeobachtung in der psychologischen Arbeitsanalyse. Göttingen: Hogrefe.

Zapf, D. & Dormann, C. (2001). Gesundheit und Arbeitsschutz. In H. Schuler (Hrsg.), Lehrbuch Personalpsychologie (S. 559-587). Göttingen: Hogrefe.